AF366032

Los señores del ladrillo

NACHO CARDERO

© Nacho Cardero

© El Confidencial (Titania Compañía Editorial)

© Bubok Publishing S.L., 2011

1ª Edición

ISBN: 978-84-9981-954-9

ISBN e-book: 978-84-9981-955-6

DL: M-28752-2011

Impreso en España / *Printed in Spain*

Impreso por Bubok

La parábola del buen pastor, *Las flechas envenenadas de* Cupido Bañuelos y *El insomnio del señor Jove* son relatos inéditos. El resto ha sido publicado en el diario *online El Confidencial* entre noviembre del 2010 y febrero del 2011, a excepción de *El hombre de voz ronca que hacía las cuentas a Zapatero*, que apareció con anterioridad a esas fechas. Todos han sido revisados para la presente edición. El autor ha intentado preservar el espíritu del momento en que fueron escritos.

Soplaré y soplaré y tu casa derribaré

El lobo en el cuento de los tres cerditos

Índice

Amanece temprano. El campo está solo. Cuentan las crónicas madrileñas que no ha sido un buen año para los organizadores de monterías. Que es el segundo consecutivo en el que la cosa no pinta bien. Que no hay dinero, ni para el desplazamiento ni para pagar por los trofeos. Que todo lo más una invitación a un descaste, de gorra y sin limitación de piezas. Y que si mísero ha sido el ejercicio, qué contar de las cacerías que antaño frecuentaban los reyes del sector residencial español, aquellos que vieron sus fortunas crecer y desvanecerse sin solución de continuidad. Confabulados en seguir con el encuentro anual que propiciaba un banco alemán que hubo de ser rescatado, en el 2010 apenas lograron el mínimo quórum imprescindible. En este ejercicio del 2011 cuatro fueron las escopetas que acudieron a la convocatoria. Muy pocas. Los señores del ladrillo hace tiempo que dejaron de serlo.

Sólo queda el recuerdo que impone la presencia bursátil de sus compañías y el montón de deudas que acumulan en sus balances, que se miden en cientos de miles de millones de euros. Aquellos que supieron vender a tiempo, como Manuel Jove, o renacer de sus cenizas, como el vivaz Enrique Bañuelos, son la excepción. Los más orgullosos, abanderados por Fernando Martín, luchan por mantener vivos sus sueños, la débil llama de una viabilidad basada en planes de negocio imposibles. Los menos han decidido salir de la vida pública por la puerta de atrás, tratando de conservar sin deterioro adicional los pocos muebles que han salvado de la quema. Ya lo dijo Portillo, la bolsa es muy cruel. Se le olvidó añadir: para el que ha hecho de ella un fin y no un medio.

El problema de los listos siempre llega cuando se creen los más listos. Cuando pasan a situarse más allá del bien y del mal y se olvidan de que el sistema y el mercado se encuentran siempre por encima de la voluntad de los individuos. Cuando omiten en sus juicios la existencia de ciclos, productivos y financieros, y establecen todo tipo de justificaciones absurdas para legitimar su irreal muerte precipitada. Cuando hacen de la operativa financiera santo y seña de su actividad corriente y pasan por encima de las reglas operativas básicas de oferta y demanda. Cuando se ciegan por el corto plazo y desdeñan que la creación duradera de valor requiere de paciencia y buen hacer. Cuando, en definitiva, se alejan hasta tal punto de la realidad, extrapolan en tal medida lo excepcional, se instalan de tal manera en su propia mentira, que la vida les pasa por encima como un *tsunami* de impredecibles consecuencias. De sus barros de prepotencia vienen, para muchos de ellos, los lodos de su penar.

Los señores del ladrillo, del director de *El Confidencial*, y sobre todo amigo, Nacho Cardero, es un documento excepcional. Recopilación imprescindible de perfiles humanos que, al estilo del inimitable Gay Talese, sabe bucear, en apariencia, de un modo inocente, en aquellos detalles que definen a los personajes en ella retratados, en sus grandezas y miserias. Un ejercicio de periodismo con mayúsculas, de lectura imprescindible para todos los que quieran comprender uno de los fenómenos humanos más sorprendentes de los últimos años en España: la entronización de unos personajes que, habiendo alcanzado los altares en términos de riqueza y notoriedad, se vieron abocados al averno impulsados por sus propios errores. A quien corresponda, que sirva de lección. El campo está solo. Sigue amaneciendo temprano. Pero las escopetas descansan en el armero.

Alberto ARTERO, alias *S. McCoy*

La parábola del buen pastor

Aunque lo confunden con uno de los hermanos García Carrión, dueños de la empresa familiar que, tal como se escucha en las cuñas radiofónicas, comercializa vinos de Jumilla y zumos de marca, Pascual no tiene nada que ver con ellos. Comparte apellido, un provincianismo inmarcesible y zona de influencia, esto es, Murcia, pero ahí acaba toda posible similitud. Si unos son ricos de familia, el otro, de serlo, lo es por su cabaña de ovejas y su colección de gorras, una de la Caja Rural, otra del motoclub, una tercera del proveedor de piensos, y así otras tantas, que se calza a diario para protegerse del sol machacón que sacude el altiplano. Pascual Carrión no tiene teléfono móvil, ni siquiera fijo, pero sí cuenta con un grupo de amigos en Facebook, Apoyamos al pastor de Jumilla, que no le expropien sus tierras, con más de mil quinientas adhesiones. Tampoco tiene títulos, «yo no he estudiado nada y soy analfabeto», dice, pero exhibe esa locuacidad connatural a la gente del campo, ese sentido común avasallador que se impone a la verborrea de leguleyos y urbanitas, y que le ha permitido doblegar a los poderosos señores del ladrillo en los tribunales y mantenerse recio cuando se enfrentaba a las tentaciones del desierto en forma de sacas con monedas de oro y polos Hackett.

Pascual Carrión, hombre espartano, ha recibido la resolución del Supremo sin grandes alharacas. El plan urbanístico Santa Ana del Monte, gracias al cual se pretendían levantar quince mil viviendas y dos campos de golf, y que estaba proyectado sobre las mismas tierras en las que pastaban las ovejas del pastor, queda suspendido. Tal decisión supone una nueva muesca en el cayado del ganadero en un litigio que viene de lejos, de cuando la inmobiliaria quiso comprarle la finca para llevar a cabo el proyecto y él se negó. A la postre, tanta oposición resultaría vana, pues la promotora encontró un fiel aliado en el Ayuntamiento de Jumilla, que hizo oídos sordos a las rogativas del pastor y aprobó el Plan Parcial Santa Ana. Pero ahí no acabó la cosa. Carrión, temeroso de ser expropiado, enfiló hacia los tribunales. El Superior de Murcia se opuso a su petición de suspender el plan, pero el Supremo, en una sentencia tan ecuánime como anómala, pues la justicia suele ignorar al ciudadano de a pie para doblar la cerviz ante los empresarios de cuello almidonado, le dio la razón. El Consistorio jumillano recurrió la sentencia aduciendo que no había tenido oportunidad de presentar alegaciones. Una vez expuestas, el Alto Tribunal volvió a dictar sentencia y volvió a dar la razón al pastor. Los argumentos eran de Perogrullo: no entendía por qué debían prevalecer los intereses de la promotora a los del pastor, máxime cuando no hay agua para tanto turista de acento inglés ni para tanto *green* con banderola.

José Antonio parece sufrir todavía ataques de acné y viste con chándal. El periodista queda con él en el bar que hay a la entrada del pueblo. José Antonio es concejal, se sabe de memoria las leyes urbanísticas igual que si fuera un opositor a juez y ha convertido su ordenador de sobremesa en una especie de cajón de sastre en el que almacena las pruebas que luego blande contra sus adversarios. Es el *pepito grillo de Jumilla,* de ahí que los compañeros lo miren con recelo. A los que son como José Antonio generalmente se les toma por locos. Muchos de ellos lo están, pero de la misma forma que lo estaba don Quijote. Se trata de una locura lúcida. Los políticos temen a los que trabajan mucho y a los *quijotes.* Son gente peligrosa. Es por ello por lo que intentan desprestigiarlos tachándoles de enfermos y *conspiranoicos.*

El periodista espera a José Antonio tomando un cortado en el bar Charco Ontur. No existe ninguno que se llame de esa forma, así que deduce por las indicaciones que el bar Charco Ontur es ahora Casa Molowny. Ha mudado su otrora telúrico nombre por otro que suena a entrenador de fútbol o personaje animado sacado de *El libro de la selva.* Un cambio de denominación que explica las contradicciones de Jumilla, un pueblo que sabe de dónde viene pero que no tiene claro hacia dónde va.

Hay cuatro mesas ocupadas por agricultores y ganaderos de piel atezada que dan cuenta de la pitanza que uno de los camareros saca de una montonera de brasas; chorizo, lomo y panceta que acompañan con vino de la tierra. Son las diez y media de la mañana, pero para ellos es como si fuera la hora del almuerzo. Sus días valen por dos. Días de cuarenta y ocho horas. El camarero les surte de botellas sin etiqueta que se llevan al coleto como si fuera agua bendita. Los caldos de Jumilla se hacen con *monastrell*, un tipo de uva dura y con demasiado cuerpo. Hace quince años, el vino de Jumilla adolecía de calidad suficiente y los productores se lo colocaban a los Estados Unidos, Alemania y países escandinavos como si fueran trileros jugando a la bolita en el Rastro. Ahora la cosa ha cambiado. Vas a un restaurante de cubertería fina, preguntas por un vino jumillano y te toman por un enólogo de pituitaria de oro.

José Antonio siente devoción por Pascual Carrión. Se le nota cuando narra su historia, que para él es casi como una parábola, la parábola del pastor que no se dejó engañar por los señores del ladrillo, la parábola del buen pastor. Los promotores del Residencial Santa Ana necesitaban de las tierras de Carrión, sus minúsculas treinta hectáreas, para levantar el macroproyecto. Al principio le daban cien mil euros por el suelo. Después se vieron obligados a subir testigos de la inquebrantable testarudez del ganadero. Doscientos, cuatrocientos, un millón de euros... Le llegaron a ofrecer más de 2,8 millones por sus terrenos y el pastor dijo que no. No se fiaba, nos cuenta José Antonio. Antes de cerrar el trato, quería ver el dinero. «Aquí hay gente que ha firmado contratos que no ha cobrado», continúa. Pascual se dio cuenta de con quién estaba tratando. Primero, el dinero. Como se dice por aquí: borrego pasado, *dinerico* al bolsillo.

El concejal pone al tanto al periodista del frenesí especulativo de la localidad en los últimos años, coincidiendo con la etapa del dinero barato que, como otra parábola, la de los panes y los peces, parecía multiplicarse sin esfuerzo alguno. Y es que un día, el municipio de Jumilla, con cerca de ocho mil viviendas, decidió hacerse grande. Aumentar su tamaño. No el doble, ni el triple. Aumentarlo por diez. Proyectaron levantar setenta mil viviendas y para ello se pusieron a repartir en la feria inmobiliaria de Marbella folletos de urbanizaciones imposibles. «¿Qué le parece vivir en un *resort* dotado de casa club, complejo hotelero con *spa*, apartahotel, ciudad deportiva, piscinas climatizadas, centros comerciales, campo de prácticas, academia de golf y zonas verdes, todo ello en un paraíso rural con trescientos quince días de sol al año?» Los promotores se frotaban las manos y vendían Jumilla como reclamo turístico, una localidad cerca de la playa, con casas de arquitectura árabe y mucho árbol, mucho jardín, mucho verde, sin tener en cuenta que en aquel pueblo no había ni infraestructuras ni agua suficiente para abarcar tal desarrollo y de que esa costa que vendían como uno de principales atractivos se encontraba a más de hora y media en coche.

El periodista pide a José Antonio que le presente a Pascual. Quiere conocerle. El concejal le guía hasta la finca. Atraviesan un secarral que, aun flanqueado en alguno de sus tramos por almendros en flor, extraño y hermosos maridaje para aquellas inhóspitas tierras, bien podría servir de escenario para un *spaghetti western* con tormentas de arena y animales culebreando por entre las rocas. Los amortiguadores del coche se lamentan. El camino está hecho para ovejas y tractores, no para autos de ciudad. A la derecha se yergue solitario el piso piloto de la que debería ser la urbanización de lujo que pretendía arramplar con las tierras del pastor. La villa muestra ese diseño mestizo tan en boga por el sur, una mezcla de pueblo blanco andaluz, villa de inspiración árabe y pareado de cartón piedra. Solo hay una casa para mostrar a unos compradores que nunca terminan de llegar. El resto son estructuras y hormigón. Un esqueleto encofrado. Un tramo más allá, los ocupantes del coche se dan de bruces con la adusta finca de Pascual.

El pastor tarda en salir a saludarles. Un *momentico*, les pide. En Jumilla todo es en diminutivo. La *caidica*, el *cestico*, el *dinerico*, el *momentico*. Tartamudea levemente y estira las eses. El habla de Pascual es más de Castilla que de Murcia. Con gran naturalidad comienza a explicar al periodista que las tierras son herencia de su abuela, que tuvo siete hijos, uno de ellos su padre, que es lo único que le importa, a lo único que tiene apego, a las tierras y sus ovejas, que antes tenía cincuenta, pero que ahora ya posee trescientas ochenta, además de setenta cabras, que madruga para cuidarlas, que trasnocha para vigilarlas, que no les falta de nada, que es un apasionado del campo, que comen las ovejas antes que él. Se emociona con sus bichos.

Pascual se acerca a la barrera de los sesenta pero continúa soltero. Es una persona contrahecha de orejas grandes y ojos claros de tanto mirar al cielo. El brusco clima del altiplano condiciona la fisonomía jumillana. Luce manos velludas y tostadas por el sol, uñas duras y largas, rostro sin afeitar desde hace varios días. Pascual se presenta vestido de faena ante el periodista. Va tocado con una gorra, lleva camisa de franela anudada en la cintura y pantalones verde oliva embutidos en las botas.

El pastor nos cuenta su historia, que comenzó en el 2002, cuando extrañamente desviaron aquella línea de alta tensión, dice señalando a la misma, y la hicieron pasar por medio de sus tierras. «¿Por qué la desviaron en vez de tomar la línea recta, que es el camino más corto y lógico?», se pregunta retóricamente. «Para evitar que atravesara los terrenos comprados por la promotora», se responde a sí mismo. «Entonces no sabíamos que ese suelo era suyo, pero al año siguiente nos dimos cuenta de todo. En septiembre del 2003, la promotora se hizo con los terrenos y empezaron a visitarnos a mí y a todos mis vecinos para comprar también nuestras fincas. Yo se lo dije claro desde el principio: no vendo.» Y ahí empezó el conflicto.

—Después me lo confesaron —dice el pastor.

—¿El qué?

—Que se equivocaron. No necesitaban mis tierras. Si se hubieran quedado con las suyas, en vez de ir a por las mías… No las necesitaban para el proyecto. Además, el agua de aquí es salada. No les sirve. Si yo voy a comprar ovejas, tendré que ver que no le falta una teta, dos dientes, si está coja… Es lo primero que hay que hacer.

—¿Sabe realmente dónde se ha metido? Los señores del ladrillo son poderosos…

—¿Qué iba hacer? Querían mis tierras. Les dije: primero las perras o no se vende.

—¿Solo es una cuestión de dinero?

—No es por el dinero. Odio el dinero. ¡Lo odio! No llevo encima.

—¿Entonces?

—Nunca quise vender mis tierras, pero hubo un momento en que amenazaron con expropiarme y tuve miedo. Me dije: vendo antes de que me expropien… pero el dinero por delante. Y es que no había dinero. Nunca lo pusieron encima de la mesa.

—¿Cómo cree que va a acabar esta guerra?

—Mal, porque hay mucha gente metida en esto. Pero llegaré hasta donde *haiga* que llegar, a Bruselas o Estrasburgo. Soy creyente. Tengo fe y la conciencia tranquila. Eso me da fuerzas. Si no la tienes tranquila, entonces estás jodido.

La inmobiliaria, propiedad de un albañil que emigró a Suiza y allí hizo fortuna, quiere apropiarse de sus tierras con la anuencia del Ayuntamiento. El único afán de Carrión es impedírselo. No es una guerra física, de cuerpo a cuerpo, sino de desgaste. Nada más principiar el conflicto, al pastor le salió una úlcera gastrointestinal y se quedó exangüe. Los disgustos. Tuvo que pasar una temporada en el hospital. Años después le operaron del corazón en una intervención que casi le cuesta la vida. La válvula aórtica no le funcionaba correctamente. Todo por los disgustos. «¿Que cómo va a acabar esto?», vuelve a preguntarse el pastor. «Mal, muy mal.»

El periodista se despide y se acerca a la oficina de ventas plantificada junto al piso piloto. Da la impresión de estar cerrada. Las verjas se encuentran bajadas y no se oye más ruido que el de una máquina que vierte alquitrán sobre la calzada. El periodista está a punto de irse cuando de repente aparece una joven tras el cristal que le indica que vaya por el otro lado, que la puerta trasera está abierta. La joven suma veintitantos y hace esfuerzos por desplegar una sonrisa con la que ocultar su rostro retraído y algo confuso. Es de todos conocido que la promoción está parada, que hay más de mil ingleses «pillados» en aquel residencial, que compraron allí pensando que se trataba de la California europea y, años después de haber abonado su dinero por la casa, todavía no han recibido las llaves de su vivienda, ni siquiera el llavero. Entonces, ¿qué diablos quiere aquel individuo? ¿Acaso será un nuevo incauto…?

—¿Qué desea? —pregunta al periodista.

—Estaba buscando una casa por la zona.

Mueca de desconcierto de la chica que inmediatamente muda en una nueva sonrisa. No cree que nadie esté buscando una casa por la zona. Nadie cuerdo.

—¿Es una zona muy bonita, verdad? —Hace notar la chica.

—Mucho.

—Estamos ahora en una primera fase de mil doscientas viviendas, de las que ya hay novecientas vendidas —dice señalando una maqueta gigante que hay en el centro de la oficina de ventas—. Las viviendas estaban desperdigadas por todo el proyecto y las hemos reagrupado en torno a un campo de golf de nueve hoyos y un lago. Será la primera fase. No sé si sabrá que la promotora entró en concurso de acreedores y acaba de salir. Ahora mismo estamos reactivando el proyecto.

—¿Me podría dar precios?

—Todavía no. Es por lo del concurso. Si quiere me puede dejar un teléfono. En cuanto tenga la lista, le llamo.

—Claro, apunte.

A la joven, amable y hacendosa, se le nota que no le gusta aquel trabajo. Trata de no parecer abúlica, pero su sonrisa, al igual que la forma que tiene de tomar el número de teléfono, es impostada. Las jornadas en aquella oficina decorada con vinos y quesos de la tierra deben ser tediosas y solitarias, sobre todo solitarias. En aquel puesto de atención al público, no hay público al que atender ni al que vender casas. No le gusta su trabajo. Lo dejaría, pero es el único que tiene. Y eso en Jumilla, donde la tasa de paro alcanza el veinticinco por ciento de la población activa y la principal actividad va de la mano de la economía sumergida, es como ser dueño del más preciado Potosí.

La crisis inmobiliaria ha hecho mucho daño a esta localidad, muy prolífica en surtir de albañiles a los constructores de Murcia y alrededores. Ya no hay hormigón que preparar ni ladrillos que colocar, así que el jornal escasea. Unos se han apuntado al paro; otros se han reconvertido. Hacen lo que sea, como sea y cuando sea. Quisieron levantar setenta mil viviendas en aquellas áridas tierras, pero allí no había espacio para tanta gente. Eso lo sabía bien Pascual Carrión, el pastor que doblegó en los tribunales a tan poderosos enemigos.

Las flechas envenenadas de *Cupido* Bañuelos

A Enrique Bañuelos le gusta correr temprano todas las mañanas por las calles de Londres. Mientras los señores del ladrillo contemplan impotentes cómo se desmorona el castillo de adobe que levantaron en la España del dinero barato y las recalificaciones a gogó, Bañuelos se lanza a la carrera. Mientras los señores del ladrillo andan enganchados al Lexatin, los concursos de acreedores y la fría madera del banquillo de los acusados, él exhibe una forma física envidiable. Mientras el corazón de Murano de los señores del ladrillo se resiente por culpa de la crisis, el suyo late con la fuerza de un tren antiguo. Fue Bañuelos quien les apuntó con flechas empapadas en savia de tejo para atraerles a su causa y quien, de tanto disparar, terminó rompiéndoles el corazón. No por nada *Cupido* Bañuelos nació un 14 de febrero de 1966, día de San Valentín.

Tras lo de Astroc se refugió en Inglaterra a pesar de no hablar la lengua de Shakespeare con la fluidez que se le presupone. Allí pasa inadvertido. Su mujer, cuyo padre fue notario en Molina de Aragón, continúa residiendo en España junto a sus dos hijas. Salvan las distancias gracias a las videollamadas por Skype y los billetes de bajo coste de Easyjet. El avión privado del que era dueño y que alquilaba a Telefónica, Repsol y otras multinacionales, ha pasado a mejor vida. Sí cuenta con un helicóptero para moverse por Sao Paulo. Los helicópteros son para esta ciudad brasileña, lo que las vespas para Roma. Los hay por todos lados. Sus escasos ratos de asueto londinense los emplea cocinando, leyendo novela histórica y ejerciendo de fotógrafo *amateur*.

Apenas se deja ver por Madrid. No guarda un buen recuerdo de la capital. No después de lo de Astroc. Cree que le tienen inquina, que le miran mal. Igual que la prensa. Tiene pavor a los periodistas. Ellos fueron los causantes de su caída. Al menos, uno de los causantes. Aquella entrevista en el diario *El País* («La expansión urbanística ha generado riqueza»), aquella controvertida información de *Cinco Días* («Astroc vendió a Bañuelos las sedes de sus fundaciones»), aquella maldita lista de multimillonarios («Salir en *Forbes* es terrible; tú no lo eliges»). Aquellas informaciones lo desencadenaron todo. De entre todos los *tycoons* mediáticos, Bañuelos sólo mantiene buenas relaciones con Julio Ariza, dueño del grupo Intereconomía. Poco más. Tiene vértigo a los periodistas. Sí, ellos fueron los culpables.

A Enrique Bañuelos le han reservado una página en la reciente historia de la empresa española como paradigma de los excesos de la burbuja inmobiliaria y de su posterior pinchazo. En febrero del 2007, su antigua empresa, Astroc, llegó a valer ocho mil quinientos millones de euros después de revalorizarse un mil por cien en menos de un año. Una subida irracional que venía a presagiar un destino fatal. Hoy día todos los expertos lo tienen claro. Los mismos analistas y catedráticos que se dedicaban entonces a justificar tamaña locura con informes de plastilina, se rasgan ahora las vestiduras: «Ya lo veíamos venir. Era una buena compañía, pero nunca debió alcanzar esos precios. Quizás inconscientemente, Bañuelos iba vendiendo al mercado más de lo que realmente tenía», dice un antiguo socio. Pero, ¿dónde comenzó todo?, ¿de dónde surgió la idea de Astroc, ese artilugio entre inmobiliario y financiero que nadie sabía a ciencia cierta qué era?

Los orígenes de Enrique Bañuelos son humildes. Creció en la Sagunto de los años ochenta, esto es, la Sagunto de la reconversión, las huelgas y el cierre de plantas. Una época de gran conflictividad laboral que provocó que esta ciudad, referente de la industria siderúrgica, estuviera a punto de desaparecer del mapa. Se quedó huérfano de padre a los nueve años y su madre se tuvo que poner a limpiar para dar de comer a sus dos hijos. Como la necesidad agudiza los sentidos, Bañuelos comenzó a despuntar siendo muy joven. Con tan sólo dieciséis años montó Miel de Luna, una sociedad que se dedicaba a comprar miel y venderla a los supermercados. Es lo que mejor que se le da: la intermediación. Bañuelos no es un empresario. Es un bróker. Lo era entonces y lo sigue siendo ahora. A los diecinueve años vendió la sociedad. Se forró. Acto seguido empezó la universidad, compaginando empresariales y derecho. Una vez terminó las carreras con éxito, se puso a promover en Castellón y Valencia. Volvió a forrarse. Y lo uno llevó a lo otro, y montó Astroc. En esta cesta puso muchos de los huevos que había ido coleccionando, pero no todos. Hombre previsor.

Enrique Bañuelos, valiéndose de la pistola humeante del Banco Sabadell, su entidad amiga, su gran financiador, fue llamando a las puertas de las grandes fortunas patrias para venderles un proyecto que no entendían pero que en boca del valenciano sonaba eufónico y muy lucrativo, como esos vendedores de biblias que prometen el paraíso a cambio de un vaso de limonada. Logró convencer a los Godia, Nozaleda, Abánades y Amancio Ortega, el millonario y astuto dueño del Imperio Zara. Ortega ignoró las advertencias de sus asesores y decidió entrar por su cuenta y riesgo en el capital de Astroc. «No te metas ahí», le aconsejaba su equipo inmobiliario. Oídos sordos. Cómo no hacer caso a ese joven de cara aniñada, tan simpático, tan educado y que engarzaba tan bien unas frases con otras igual que si fuera un senador romano. «Es listo. Listísimo. Un vendedor nato. Te convence, te apabulla. Lo suyo no era el mercado inmobiliario. No sabía hacer casas, pero vendiéndolas era único. Tenía todo el negocio en la cabeza», señala un empresario abducido por los cantos de sirena del saguntino.

Astroc se fusionó con Landscape y Rayet. El mercado parecía padecer de priapismo con aquel valor. Siempre subía. Jornada que pasaba, jornada que enriquecía a un buen puñado de inversores. Bañuelos se convirtió en una figura mediática. Tenía hasta club de fans. El resto se veía venir. Aquella entrevista, aquellas informaciones, aquella lista de *Forbes*. En marzo del 2007, las acciones de Astroc se desplomaron. Fue de repente. El mercado se ensañó con el valor. Los otrora millonarios por Astroc se quedaron con los bolsillos pelados. «Asumo el batacazo. También he perdido dinero», reconoció Bañuelos. Acto seguido, lo largaron de la compañía. Los bancos acreedores le obligaron. Había dejado de ser un reclamo para la bolsa igual que esos presentadores de *late night* a los que la audiencia ya no les ríe los chistes. Accionistas particulares le pusieron una querella por alterar de forma efectiva el precio de los títulos, querella que fue archivada en febrero del 2011 por la Audiencia Nacional. Bañuelos se fue de la empresa con doscientos millones de euros cuando había comenzado con cuatrocientos cincuenta. Se marchó con importantes minusvalías, pero con dinero. El resto de socios, esto es, los que se quedaron en la inmobiliaria, no pueden decir lo mismo.

Este *tsunami* del ladrillo, con epicentro en Astroc, ha dejado sin fondos la chequera de un buen puñado de gente notable. Muchos no han levantado cabeza tras la catástrofe. Bañuelos sí lo ha hecho. Porque es joven, listo y lo lleva en la sangre, indican en su círculo de confianza. Una publicación dijo que era un «milagro», que al tercer año de su caída había resucitado, y su hija, al leer el artículo, le preguntó cómo podía ser eso, cómo era que había resucitado. «¿Es que estabas muerto, papá?» Bañuelos continúa ahí. No se ha apeado de la lista de *Forbes*. Está un pelín más abajo, pero sigue apareciendo en sus páginas con su misma cabellera simétrica, casi matemática. Lo ha conseguido gracias a su nuevo juguete, Veremonte, un *holding* con el que se ha puesto a montar negocios en Brasil. Posee una pequeña participación en PDG Realty, primer grupo inmobiliario de aquel país, y es el principal accionista de Brasil Ecodiesel Maeda, una compañía productora de algodón, cereales y soja.

De los treinta días que tiene un mes, Bañuelos se pasa la mitad en el país que vio crecer a Pelé. En los inicios, antes de instalarse en el espectacular ático de Sao Paulo en el que hoy reside, antes de decidir invertir un euro en Brasil, el saguntino vivía en un angosto piso que no llegaba a los cincuenta metros cuadrados y se paseaba por las calles de aquella ciudad sin escolta, con su cámara fotográfica, la camisa por fuera y un sombrero de paja igual que si se tratara de un turista accidental. Quería sentir a la gente, adentrarse en su cultura del dinero, ver hasta dónde estaba enraizada. Por aquel entonces, era el hombre invisible. Ahora lo conocen todos los brasileños. Están alerta, sabedores de su pasado. Además, aparece en la prensa por sus negocios inmobiliarios y de materias primas para la elaboración de biocombustible. Ha pasado de rey de la miel en España a ser el rey de la soja en Brasil.

También ha abierto oficina en Madrid, en el edificio de La Pirámide, en pleno paseo de la Castellana. Lo ha hecho sin llamar la atención. Ya se sabe: hablar de Madrid es como mentarle la bicha. Al frente de la misma ha puesto a Ignacio Bonilla, ex responsable de la zona de Levante del Banco Sabadell y uno de sus hombres de confianza. Marcelo Paracchini, consejero delegado de Veremonte; María del Mar Alberti, ex UBS y gestora del patrimonio de Bañuelos, y Sonia de Mare, responsable de comunicación, son otros nombres que forman parte de su círculo más próximo. Les pide lo máximo, todo lo que puedan dar y un poco más. Bañuelos necesita tener siempre algo entre manos. Además, está pegado de continuo a su Blackberry, es muy autoexigente y espera lo mismo de quienes trabajan a su lado. Tres días junto a él resultan agotadores, igual que esas carreras que se pega cada mañana por las calles de Londres.

Bañuelos corre, y corre, y corre, no se sabe hacia dónde pero siempre hacia delante. Es un superviviente. El último mohicano del ladrillo. Sus antiguos socios, aquellos que se enriquecieron con Astroc y después se arruinaron, no le guardan rencor. Es como una especie de síndrome de Estocolmo, como si les hubiera vertido una pócima en la bebida para tenerlos siempre a su merced. A pesar de todo, Bañuelos es un buen chico. ¿Y Astroc? Bueno, él nos lo dio, él nos lo quitó.

El comerciante de níscalos

Félix Abánades (1963) tiene un despacho en Capitán Haya que parece ideado para un director de banca de los años ochenta y un hotel de lujo, el Selenza Claudio Coello, sito en el barrio de Salamanca, que alberga un restaurante que alardea de chef (Ramón Freixa) y estrellas Michelín (dos), hotel del que se ha tenido que desprender. Se está deshaciendo de todo lo que sea necesario, ha asegurado a sus próximos, para pagar las cuentas pendientes. Quiere seguir andando por Guadalajara, su ciudad, con la cabeza bien alta sin que nadie le pueda recriminar nada, dicen. Abánades es el dueño del Grupo Rayet, que agrupa Rayet Construcción, los Hoteles Selenza y una participación mayoritaria de Quabit, la antigua y maldita Astroc.

Todavía se arrepiente del día en que Enrique Bañuelos, el hombre salido de la nada que pergeñó ese artilugio de ingeniería financiera al que bautizó con el nombre de Astroc, paradigma de los excesos inmobiliarios, se cruzó en su camino. Abánades tuvo en sus manos trescientos millones de euros que le puso el mismo Bañuelos en bandeja de plata, que pudo haber depositado en una cuenta a plazo fijo, escondido bajo el jergón, o incluso guardado en un maletín y salir corriendo, pero no lo hizo. Lo invirtió en bolsa y se compró Astroc. Le iba a vender Rayet a Bañuelos, y al final fue éste quien terminó colocándole su compañía.

Quizá le pudo la ambición, quizá fundamentó su decisión en argumentos más peregrinos: «¿Qué es lo que mejor sé hacer? ¿Construir casas? Pues sigamos construyendo casas». El caso es que las deudas fueron engordando, la crisis irrumpió como un géiser y tuvo que hacer frente a sus acreedores, quienes le aprietan por tierra, mar y aire hasta quitarle el resuello. «Lo que sea para caminar con la cabeza alta», reitera.

¿Pero dónde empezó todo? ¿Cuál es el origen de su fortuna? ¿Qué le llevó hasta Madrid? ¿Cómo llegó a codearse con Amancio Ortega, José Manuel Lara o Luis del Rivero? ¿Qué es de él ahora? ¿Cuál es, en realidad, la verdadera historia de ese empresario menudo y de perfil bajo llamado Félix Abánades?

Para conocerle mejor hay que tomar la nacional II, carretera de Barcelona, y atravesar el otrora boyante corredor del Henares, hoy zaherido por la crisis. Allí irrumpe violento un muestrario de industrias que no pueden hacer frente a las nóminas de sus empleados; PAUs a medio acabar como el de Quer, Alovera, Cabanillas o la ciudad fantasma de Valdeluz; multicines en concurso de acreedores por eso de que el ciudadano no está para películas de indios, y centros comerciales con los locales cerrados al no poder hacer frente a los alquileres. Y así, entre quiebras y verjas metálicas echadas, uno llega a Guadalajara, una ciudad de ochenta y cinco mil habitantes que contaba casi con más inmobiliarias cotizadas que mercerías y un buen puñado de restaurantes en los que el cubierto estaba a la par que el de Zalacaín, una ciudad que vivía por encima de sus posibilidades al considerarse la hermana pequeña de Madrid y de repente sufría el brusco despertar de tan efímero sueño.

En la provincia de Guadalajara se encuentra Ablanque, un pueblo de poco más de cien habitantes censados que saltó a la prensa por el fatídico incendio que se cobró la vida de once miembros del equipo de extinción y del que Abánades es oriundo. Fue allí, en su pueblo, donde comenzó precoz a ganarse unas perras con el menudeo.

Frisaba los dieciocho años cuando consiguió su primer millón de pesetas. Lo obtuvo mercadeando con níscalos, arrebatándoles el negocio a unos valencianos que llegaban a Ablanque como si fueran Mr. Marshall y arramplaban con los hongos para después revendérselos a las grandes superficies. Descubierto el filón, Abánades se echó al monte, recolectó una canasta de níscalos, los limpió hasta que le dolieron las manos y los llevó a Madrid a El Corte Inglés. Un comercial del centro se interesó por el producto, pero le dijo que con una canastilla no hacía nada, que necesitaba un cargamento entero y que lo necesitaba para el viernes. Esto es, en un par de días.

El actual dueño de Rayet se dirigió raudo al alguacil de Ablanque con la buena nueva para que congregara a los vecinos del pueblo y los pusiera de acuerdo en tan lucrativo negocio, pero éste vino a decirle que no estaba por la labor, que se debía a los valencianos. Ante tal negativa, aprovechó un descuido del funcionario para robarle el cornetín y tocarlo hasta conseguir reunir a todos sus paisanos. Les compró la mercancía con el dinero que le prestaron su padre y su tío, que no hacían más que interesarse por la salud mental del chaval. Estuvo la noche entera limpiando níscalos con la ayuda de su familia, los cargó en la furgoneta y, sin apenas haber dormido, marchó a Madrid.

Cuando se presentó ante el comercial de El Corte Inglés, éste le pidió que abriera la furgoneta. Para su desgracia, se encontró con que los níscalos estaban enmohecidos por el plástico con que los había tapado. «Lléveselos de aquí. No me interesa.» El encargado le había dado ya la espalda cuando Abánades fue a por él y, agarrándole por la pechera, le dijo: «Si usted supiera lo que me ha costado… La noche que he pasado… Mi familia… Si usted lo supiera, no me diría eso.» «Venga, le quitamos la primera capa. Sólo es la primera capa. El resto está bien.» Así ganó su primer millón.

Tiempo después se puso al servicio de los Burreros, dos hermanos de Brihuega que hacían desmontes y derribo de edificios, para lo que contaban con camiones, grúas y una recua de mulas. Lo suyo con los hermanos duró hasta que tuvo que rascarse el bolsillo para hacer frente a los pagos de sus jefes. Más tarde, se instaló en Guadalajara, donde trabajó para la gestoría de la familia Utrera, primero, y la de la familia Ranz, a continuación. Se le daban bien los números. Gracias a esta habilidad se acercó a Arturo Carpintero, factótum de la ciudad a principios de los noventa y propietario de una constructora que no atravesaba por sus mejores momentos: Rayet.

En esta primera toma de contacto con la capital, Abánades se mostraba desconfiado y poco comunicativo. Le costaba encontrar las palabras, proyectando una imagen de hombre huraño que no se correspondía con su carácter. Caminaba con la cabeza gacha y vestía con excesiva despreocupación. En definitiva, no era una persona que llamara la atención por su encanto personal. Su círculo de amistades se limitaba a sus paisanos de Ablanque, donde encontraba refugio cuando las cosas venían mal dadas.

«¿Qué tal si compramos Rayet?», dijo un día nada más cruzar el umbral de la gestoría. «Carpintero la ha puesto a la venta», añadió, intentando sondear el parecer de sus compañeros de trabajo. Al encontrarlos poco receptivos, Abánades, que exhibe la misma habilidad para comerciar con níscalos que para hacer sumas y restas, tiró por la calle de en medio, sin importarle más opinión que la suya, y en 1991, en plena crisis del ladrillo, compró Rayet con un poco de calderilla pero asumiendo una deuda millonaria. A partir de ahí, gracias al dinero barato que comenzó a inundar el mercado y a una demanda inmobiliaria irracional, no tardó en subirse a la ola de los nuevos ricos.

Fichó a Pau Guardans (ex director general de Industria), Sigfrido Herráez (ex concejal del Ayuntamiento de Madrid) y Juan Carlos Ureta (Renta 4); adquirió el diario *La Nueva Alcarria*, publicación emblema de la ciudad, y lanzó el gratuito *Global* en las cinco provincias castellano-manchegas; le confundieron con Rupert Murdoch cuando compró un paquete significativo de Antena 3 Televisión y creyeron que estaba conchabado con Del Rivero cuando tomó un cinco por ciento de Eiffage; puso en marcha una cadena de hoteles de gran lujo, Selenza, por la que se interesó la modelo Valeria Mazza para levantar uno en Punta del Este; y empezó a tratar de tú a los Nozaleda, Godia, Amancio Ortega y demás fortunas patrias.

La buena vida le hizo coger más de veinte kilos, se dejó perilla y empezó a lucir un corte de pelo de revista de moda para hombres. Todo iba sobre ruedas hasta que se topó con Enrique Bañuelos y le encasquetó Astroc. Trescientos millones de euros. Los tuvo en la mano y los dejó escapar. Trescientos millones, algo menos de lo que el grupo (excluido Quabit) debe a sus acreedores. Los bancos aprietan.

Abánades tiene todo su patrimonio invertido en Rayet. Si pierde la compañía, pierde su patrimonio. No importa. Volverá a hacerse rico, dicen convencidos los amigos de aquel chaval de dieciocho años que vendía setas a Isidoro Álvarez.

El Mercedes de seiscientos caballos del presidente Nafría

No podía acceder a su ordenador. La clave no era correcta. Quizá le bailaran los números. Era posible. No hacía ni veinticuatro horas que había aterrizado en Barajas y el *jet-lag* todavía golpeaba su cabeza con fuerza. Sara lucía sonrisa de dentífrico, llevaba botas altas y un *pendrive* con fotografías de sus vacaciones para mostrar a sus compañeros de Metrovacesa. Llamó al departamento informático en busca de un diagnóstico a la amnesia repentina de su ordenador. Le dieron claves nuevas. Entró en su correo electrónico, comenzó a leer los *e-mails* y rápidamente intuyó que algo iba mal. Llamó a su jefe. Éste la cortó en seco y la instó a que se dirigiera al despacho del director financiero. Allí, un cónclave de la alta dirección le comunicó con rostro circunspecto que estaba despedida. Eso no le costó entenderlo a pesar del *jet-lag*.

Metió sus cosas en una caja de cartón, la cerró con cinta americana y la dejó caer en el maletero de su coche, una antigualla con motor. No muy lejos de allí, en otra de las plazas del aparcamiento de Metrovacesa, se encontraba un flamante Mercedes AMG Clase-S 65 que el vecindario observaba con envidia y algo de recelo. No era el monoplaza de Lewis Hamilton, pero corría como un cohete y bien podría hacer podio en una carrera de Fórmula 1. Se trataba del coche de Vitalino Nafría, el presidente de la inmobiliaria. Negro *customizado* a gusto del comprador, biturbo, seis mil centímetros cúbicos, más de seiscientos caballos de potencia, alcanzaba los cien kilómetros a la hora en 4,4 segundos. ¿Su precio? Casi doscientos cincuenta mil euros. Se venía a cumplir la máxima de que a los ladrilleros les gusta lucir coches grandes y potentes.

Vitalino Nafría, un histórico del BBVA, fue fichado por los bancos para reflotar Metrovacesa después de que éstos derrocaran a la familia Sanahuja y se hicieran con el control. Nada más aterrizar en las oficinas preguntó por ese Mercedes con el que se había topado en el *parking* y del que no podía apartar la mirada. Le explicaron que era propiedad de la compañía, que había sido un capricho del hijo de Sanahuja y que lo tuvieron que comprar a tocateja porque ninguna firma de *renting* había querido hacerse cargo de un vehículo tan caro. En vez de venderlo, en lo que podría haber sido entendido como un gesto simbólico en la ardua labor que le habían encomendado de reducir deuda, Nafría decidió «sacrificarse» y utilizarlo como coche personal. Había Mazdas, BMWs y Audis de directivos que habían cesado en sus cargos, pero el presidente sólo tenía ojos para aquel vehículo propio de jefe de Estado. Era como un adolescente fardando de carro delante de las animadoras del colegio.

La plantilla de Metrovacesa había quedado reducida a la mitad en solo dos ejercicios, pasando de cuatrocientos setenta y ocho trabajadores en el 2008 a doscientos cuarenta en este 2010. Los habían ido despidiendo con cuentagotas para aminorar lastre. Entre el viernes 16 y el lunes 19 de julio del 2010 laminaron a una decena de empleados. Eran los últimos. Algunos contaban con una dilatada trayectoria dentro de la compañía. Habían vivido el proceso de fusiones, la etapa dorada de Joaquín Rivero cuando el ladrillo español venía a ser petróleo venezolano, la guerra civil con los Sanahuja y el actual régimen dictatorial bancario. Sara se encontraba entre los despedidos de julio.

Hacía pocos días que había entrado en vigor la reforma laboral y a los damnificados les ofrecieron una indemnización de veinte días por año trabajado. Argüían que se trataba de un despido por causas objetivas, ya que la empresa había dado pérdidas en los ejercicios anteriores. No decían nada de las ganancias del 2010 ni de los bonus que estaban cobrando los directivos. Sólo veinte días. Esto es lo que tiene la reforma laboral, les explicaban compadeciéndose. Los trabajadores presentaron una demanda colectiva contra Metrovacesa.

El pasado 2009, año en el que la inmobiliaria perdió la escalofriante cifra de ochocientos setenta y nueve millones de euros, año que toman como referencia los abogados defensores para justificar los últimos ajustes de plantilla, año que parecía preceder al fin del mundo, con el estallido de la burbuja y el sistema financiero al borde de la bancarrota, ese año, digo, Eduardo Paraja, consejero delegado de Metrovacesa, se embolsaba quinientos mil euros en concepto de bonus por «el cumplimiento de objetivos y resultados». A esta cantidad sumaba otros novecientos mil como salario fijo. Vitalino Nafría ganó algo menos, quinientos mil euros anuales brutos, tal y como estipulaba su contrato. Además, presidente y CEO podían dormir tranquilos, y ajenos a cualquier arbitrariedad de sus accionistas, porque gozaban de un blindaje de dos años cada uno.

La diferencia con la tropa era notable. Cosa de castas. El sueldo de los últimos trabajadores despedidos se movía en una horquilla que iba de los treinta mil a los noventa mil euros al año. Cuando les ofrecieron los veinte días por año trabajado pusieron cara de póquer. La reforma laboral, les insistían. «Nosotros hubiéramos aceptado cuarenta y cinco días, igual que el resto de compañeros. ¿Qué hubiera supuesto para ellos, con los sueldos y bonus que se están pagando? Nos hubiéramos librado de juicios. Habríamos aceptado cuarenta y cinco días.»

Eduardo Paraja es un tipo listo. Le llaman *el Killer*. Maneja y no se deja ver. Huye de los focos. «No ha dado una entrevista en su vida. No quiere», nos dicen en la inmobiliaria. Sin embargo, se pueden obtener unos breves apuntes de su pasado desandando sus huellas. «Paraja ha trabajado en Prosegur y en un despacho de abogados y, como él me dijo el primer día que le conocí, no tiene ni idea del sector inmobiliario», comentaba su presunto enemigo Joaquín Rivero en una entrevista.

Efectivamente, buena parte de la carrera de Eduardo Paraja, ex Habitat, ex Service Point, ha transcurrido en Prosegur. Dejó esta compañía en el 2008. A los pocos meses de comenzar a trabajar en Metrovacesa (principios del 2009), la inmobiliaria sacó a concurso el contrato de seguridad. Paraja se salió en el momento de la votación. Curiosamente se lo adjudicaron a su antigua casa. Adujeron que era la mejor oferta. Lo que omitieron es que el contrato de Prosegur llevaba aparejado un *rappel* (descuento) del trece por ciento que no repercutieron a los clientes. A los inquilinos de sus inmuebles les siguen refacturando el cien por cien de los gastos, es decir, el importe total bruto, cuando en realidad se les debería cobrar el neto.

Los clientes ignoran tal circunstancia y cada mes abonan religiosamente una factura a todas luces inflada.

Algunos directivos hicieron ver a Paraja su disconformidad sobre cómo se estaban realizando estas contrataciones. Fueron fulminados *ipso facto*. El director de centros comerciales, Antonio Hidalgo; el de oficinas, Luis Fernández Pinilla; el de medios, Juan Antonio del Rincón. Fueron cayendo uno a uno en lo que podría entenderse como una estrategia de tierra quemada. No había que dejar testigos. Expulsó a los directivos molestos, tiró a la basura el *know how* acumulado, ajustó plantilla y recortó deuda con el objeto de convertir Metrovacesa en una especie de cascarón vacío. Un puñado de trabajadores y una compañía sin apenas actividad. Igual que en los orígenes. En eso quedaba la mayor inmobiliaria del país.

Lo de Prosegur no era un caso aislado. También estaba Vialegis. Los directivos caídos en desgracia habían cuestionado igualmente los honorarios millonarios que Metrovacesa abonaba a este despacho de abogados, una relación mercantil sustentada en una intrincada urdimbre. Paraja autorizó el abono de dos millones de euros a Vialegis en un pagaré de vencimiento a mayo del 2009. Posteriormente, Vialegis y Dutilh se fusionaron. Paraja era accionista de Dutilh. Ante el conflicto generado por la unión de ambos despachos, el comité de dirección de Metrovacesa pidió explicaciones a su consejero delegado. Éste les aseguró que acababa de vender los títulos del bufete. Curiosamente, meses antes, Fernando Clavijo y Antonio Fernández, dos abogados despedidos de Metrovacesa y consiguientemente indemnizados, eran fichados por Dutilh para su nuevo departamento de derecho inmobiliario. Era de locos. Les echaban, les indemnizaban y después les volvían a contratar indirectamente con la fusión.

«En cuanto supo que podía entrar en conflicto, vendió sus acciones de Dutilh ante notario. No tardó ni veinticuatro horas en hacerlo», dice un portavoz oficial de Metrovacesa en defensa de Paraja. «El importe del bonus es menos del que se ha dicho. Cuando vino aquí, ya se sabía que la inmobiliaria iba estar en pérdidas durante tres o cuatro años, por lo que esta remuneración estaba sujeta a otros objetivos. ¿Prosegur? No conozco el contrato, pero de ser verdad lo del *rappel*, que no se ha repercutido a los inquilinos, me parecería lamentable», añade.

Algo cambió a peor con la llegada de Paraja y los bancos a la compañía. A la plantilla le fueron suprimiendo poco a poco los derechos adquiridos hasta convertir Metrovacesa en una especie de gulag. Las nuevas normas impuestas por las entidades financieras tenían un punto dictatorial y había quien las comparaba sardónicamente con los códigos de conducta que se observaban en los campos de trabajos forzosos.

Los corrillos de pasillo empezaron a estar mal vistos, prohibiéndolos como si se tratara de una manifestación ilegal al grito de «dispérsense». Tampoco permitían descansos de más de cuarenta minutos y no dejaban tener marcos con fotografías sobre la mesa. Ni de familiares, ni de novios, ni de mascotas. Además, la inmobiliaria trasladó la sede que tenía en Nuevos Ministerios, zona noble de Madrid, al Parque Empresarial Vía Norte, en Las Tablas, en un descampado sin iluminación, mal comunicado y que para algunos trabajadores suponía hasta cuatro horas diarias de desplazamiento.

¿Un gulag? No, Las Tablas. ¿Medidas para mejorar la eficiencia y el equilibrio personal y profesional? Más bien un decálogo para desincentivar a los empleados como si ése fuera el objetivo real de la compañía: presionar al trabajador hasta forzar su marcha. Una carta anónima distribuida por las oficinas de Metrovacesa venía a incidir en estos puntos: «Todos estamos dispuestos a aportar los esfuerzos que sean razonablemente necesarios para ayudar a la empresa a subsistir y a mantener nuestro puesto de trabajo. Por eso, no entendemos la serie de medidas tomadas últimamente que han conseguido encrespar los ánimos de la plantilla y estamos convencidos de que tienen el efecto contrario al que la empresa anuncia de aumento de la eficiencia. Solo consigue desmotivación y desánimo. Por todo lo anteriormente expuesto, por medio de la presente denuncio el incumplimiento del Código Ético en su apartado 4.5».

Pero mientras a unos les castigaban suprimiendo sus derechos adquiridos, a otros, a los ejecutores, a los que tenían el mandato de sanear la compañía, les premiaban por exactamente lo mismo. Caían chuzos de punta sobre la economía española cuando el Consejo de Metrovacesa aprobó un plan de retribución variable de trece millones de euros a favor de Eduardo Paraja y los ocho miembros de la alta dirección que éste designara. Este plan tendría una duración de tres años y sería pagadero en el 2012.

Paraja no acudió a la vista previa por la demanda colectiva contra los despidos de julio a pesar de que todos contaban con su presencia. Sí lo hicieron la directora de recursos humanos y el abogado de la compañía. Se mostraron nerviosos. Durante la vista su rostro fue mudando hacia una tonalidad mortecina cuando el juez comentó a vuelapluma sus impresiones. Dijo que a simple vista los despidos le parecían nulos y les conminaba a ellos, como representantes de la compañía, a que llegaran a un acuerdo con los demandantes en el plazo de un mes, esto es, antes de que comenzara el juicio.

Sara no pretende una *vendetta* ni que la readmitan en el puesto. Solo quiere justicia, que reconozcan que la despidieron con malas artes. Sara ha borrado a Metrovacesa de sus alertas de Google y se ha apuntado al paro. Dice que eso fue lo peor: la sensación de angustia que le provocó situarse en la fila del Inem, una cola que doblaba la esquina de gente a la que la crisis había colocado a las puertas del abismo. «Fue una sensación de vacío absoluto», nos dice casi sin resuello.

Una tarde en el fútbol con Paco *el Pocero*

Todos pensaron que se trataba de un descuido de Manolo Redondo, el sabueso del Real Madrid, el señor Lobo del que se vale Florentino Pérez para solventar toda clase de contratiempos y controlar a los invitados. Nadie lo entendía: a Manolo se le había colado *el Pocero* en el palco del Bernabéu. ¿La explicación? Francisco Hernando, que es de España, Franco, Aznar y del Real Madrid, del que se barruntó incluso que fuera en alguna de las candidaturas a la presidencia blanca, asistía al derbi de la capital dentro del cupo de invitados de Enrique Cerezo, presidente atlético, con el que mantiene cierta relación cimentada en el *business*. El mosqueo de Florentino debía ser de aúpa. No se lo esperaba. No estaba en la lista. ¿Qué pintaba allí, en la zona noble del Real Madrid, un tipo como *el Pocero*, al que todavía se le recuerda pala en mano persiguiendo a un reportero para abrirle la cabeza? Había bisbiseos en las gradas.

—¿Cómo habéis dejado entrar a un gañán de esta índole? —preguntaba sorprendido un espectador.

—¿No te referirás a Gerardo Díaz Ferrán? —respondió un directivo del equipo blanco—. No está por aquí. Desde que dejó la presidencia de la CEOE, ya no viene.

—No, no. Hablo de *el Pocero*.

—¿Paco? No me jodas, es más empresario que el noventa por ciento de los tíos que pasan por el palco. Es simpático, con una de las agendas más potentes que hay en este país, gente respetable, un tío *first class* que trata de tú a tú a los Cortina y Abelló.

—¿Así que os da igual que ande por aquí?

—Pues claro. ¿No ves cómo saluda a todo cristo?

No estaba muerto, no, Francisco Hernando (Madrid, 1945), alias *el Pocero*, estaba de parranda en el Bernabéu. Hasta ese momento lo daban por desaparecido. Nadie conseguía dar con él. *He was missing.* ¿En su yate? No tenía. Lo acababa de vender. ¿En Guinea Ecuatorial? Tampoco parecía que se le pudiera encontrar allí tras el desplante de Obiang. ¿Dónde se escondía *el Pocero*? ¿Quizá deambulando por alguna de las calles de su megalómano proyecto, el residencial Francisco Hernando, que no es una ciudad, ni una ciudad a medio construir, ni siquiera una ciudad fantasma, sino más bien se parece a esas ciudades que describe Cormac McCarthy en *La carretera* («había escombros y desperdicios y tenían que sortearlos con el carrito»), como si una seta nuclear hubiera explosionado en mitad de Toledo?

El residencial Francisco Hernando se encuentra ubicado en la población toledana de Seseña, limítrofe con Madrid, en medio de un secarral al que se llega tras atravesar un restaurante de polígono y un centro de revisión de ITVs. Una rotonda con su nombre en letras faraónicas y un puñado de palmeras sin hojas, como si el picudo rojo hubiera arrasado con ellas, sirven de entrada a esta ciudad domeñada por un silencio mortecino y flanqueada por una alambrada. No se ve gente por las calles salvo algún ciclista y corredor de fondo. Hay dos inmobiliarias, varios bares, un chino, un locutorio, columpios sin niños y una ferretería, extraña tienda para una extraña ciudad.

—Yo hago más caja este año que el anterior. No contéis películas. Esto va a ir a más. Poco a poco. Si no fuera por la crisis, esto estaría muy arriba —dice el ferretero, a todas luces un *hooligan* de *el Pocero*—. Mi negocio va bien. Las comunidades de vecinos pagan. Hombre, a veces cuesta porque hay morosidad, pero pagan. Que no cuenten películas. Aquí hay seis mil personas viviendo, un colegio con un noventa por ciento de ocupación y dentro de poco autobuses a Méndez Alvaro. *El Pocero* ha cumplido. Los pisos vacíos son de los bancos. No tienen cédula de habitabilidad. Es por todo el tema del Ayuntamiento de Seseña. En cuanto se solucione lo del agua, en cuanto se cambie de alcalde, esto irá para arriba.

Las calles que van a dar a la zona occidental de la ciudad están cortadas por vallas de alambre, mazacotes de hormigón armado y un guardia de seguridad con gafas de sol verdes sacado de algún guión de Sam Peckinpah. Decenas de edificios de tonalidades terrosas se levantan solitarios tras él. Miles de pisos con las persianas bajadas dotan a la ciudad de una imagen posnuclear, que confirma que allí no vive nadie. Serán habitadas en un futuro, pero no hoy y seguramente tampoco mañana. «¿Se puede pasar?» «No», responde el vigilante de Prosegur. «Estaría interesado en comprarme una vivienda.» El de Prosegur: «Ahora mismo no hay ninguna oficina de venta».

Estos edificios son los que se han quedado los bancos para saldar deudas con *el Pocero*. El grupo de entidades que le financió el proyecto, CAM, Popular, Santander, etcétera, le ha ejecutado miles de viviendas. Francisco Hernando no se muestra taciturno. Francisco Hernando está contento. Ha echado lastre por la borda, cosa de la que no pueden presumir otros compañeros de faenas. El problema ya no es suyo, sino de los que les prestaron el dinero, que no hacen más que engordar su cartera inmobiliaria. Se jactaba de ello el verano pasado en Mallorca, en una heladería de Puerto Portals.

—Don Francisco, ¿qué tal le va todo? Le veo radiante —dijo el dependiente.

—Y tanto, acabo de vender al contado los pisos que me quedaban.

A *el Pocero* le persigue la buena estrella. La ha tenido incluso para deshacerse de su embarcación. Arturo Fernández, presidente de la Cámara de Comercio y patronal madrileña, se quejaba hace unos días de que era «una putada tener un yate. Llevo tres meses intentando vender el mío y no me lo compra nadie». Pues bien, Hernando, un hombre con suerte, ha conseguido endosarle el Clarena II, el navío de recreo más grande del mundo, el más caro, a un armador sudamericano. Lo ha hecho perdiendo dinero, que los pecados de la vanidad tienen su penitencia. También ha tenido que vender algunos *jets* privados y echar el cierre a su equipo de Moto GP. Los coches ni tocarlos. Al partido del Real Madrid-Atlético de Madrid acudió subido a un Maybach y va por ahí presumiendo de haberle regalado un Cayenne a la ex mujer de Bono.

El Pocero mantuvo una relación de amistad con el presidente del Congreso hasta que saltó el escándalo de Seseña. Empresarios como Fernández Tapias y periodistas como José

Oneto o Carlos Herrera se incluyen entre sus fieles. La comunicación de Francisco Hernando la lleva Alfredo Urdaci, periodista especializado en Letizia Ortiz. *El Pocero* apenas se relaciona con los inmobiliarios, seguramente porque siempre le han considerado un *outsider* del mundo del ladrillo. No era uno de los suyos. No vestía con trajes hechos a medida. Sin embargo, a diferencia de alguno de ellos, no ha quebrado.

«Puede que lo de Seseña fuera una aberración, pero no se diferenciaba en nada de Valdeluz, en Guadalajara, o Las Tablas, o Sanchinarro, o el barrio del Pilar en su momento. Más aún, lo de Seseña tenía todo el sentido del mundo. Se han ensañado con *el Pocero*, pero ha vendido sus viviendas y, además, no las ha vendido caras. Si lo hubiera hecho tan mal, no habría conseguido financiación. Los trabajadores lo adoran. *El Pocero* no sabrá hablar, pero es listo de cojones», dice rotundo un financiero.

En algún momento del *boom*, los señores del ladrillo cayeron en la cuenta de que el dinero se había hecho redondo para que pudiera rodar, y aprovechándose de los créditos baratos y de que el país se había acostumbrado a vivir de la sopa boba, crearon un gigante de pies de barro que a día de hoy todavía no ha terminado de derrumbarse. La escenificación de aquella apoteosis inmobiliaria se produjo un jueves, 1 de marzo del 2007, en Mateo Inurria 25. No cabía un alma. Profesores, expertos y periodistas abarrotaban el salón de actos de Esade para escuchar a los ponentes. No se trataba de Roubini, Krugman y Taleb, sino de Luis Portillo (Inmocaral-Colonial), Luis Nozaleda (Nozar) y Rafael Santamaría (Reyal-Urbis). Los presentes tomaban nota de sus palabras como si estuvieran delante del mismísimo oráculo de Delfos.

Igual que el rey de la montaña, Portillo habló de la OPA que Inmocaral había lanzado sobre Riofisa con la osadía que el momento requería («los bancos me han apretado las clavijas, pero ahora, con la operación cerrada, se van a enterar ellos de quién aprieta a quién»), mientras Rafael Santamaría, a la pregunta de si no había conflicto de intereses en tanto en cuanto los conferenciantes tenían sillón en el consejo de varias inmobiliarias rivales, aseguraba impúdico: «*Ná, ná*, nos llevamos muy bien y somos excelentes amigos». Ya no se llevan bien, ya no son excelentes amigos, algunos han perdido sus empresas e incluso sus bienes personales, otros directamente han desaparecido de la faz de la tierra. Era el caso de *el Pocero* hasta que reapareció en el Bernabéu con un flamante Maybach de seiscientos mil euros.

El Shangri-La de un señor de Murcia

En algún momento del siglo pasado, Panamá se convirtió en el Shangri-La de los emigrantes españoles en Iberoamérica, en el paraíso en el que se refugiaban para dar con la fortuna que se les negaba en su país de origen. Pero no todo han sido parabienes para estos aventureros. El Grupo Mall arribó a Ciudad de Panamá para levantar un complejo faraónico y ha terminado quebrado. Pecó de osadía, igual que podría sucederle a Sacyr que, desdeñando las desgracias que le auguraban sus competidores, se ha agarrado como clavo ardiendo a la ampliación del canal, un contrato mil millonario que puede darle la vida... pero también quitársela.

El Grupo Mall puso el nombre de los Faros de Panamá a su macroproyecto urbanístico. Lo sigue llamando así aunque donde habían proyectado levantar tres rascacielos que albergarían un hotel de cinco estrellas, un centro comercial, casi dos mil viviendas y el doble de plazas de garaje, justo en la zona noble de Ciudad de Panamá, a unos pasos del Multiplaza Pacific Mall de los Louis Vuitton y Cartier, y a tiro de piedra del Trump Ocean Club del excéntrico Donald Trump, sólo hay un agujero con varillas de acero y aguas estancadas al que tapan unos carteles raídos que más que promocionar las bondades de esta monumental obra inmobiliaria esconden sus vergüenzas.

Los inquilinos de la Torre de las Américas, un edificio de oficinas contiguo donde se alojan los financieros del City, son testigos de la frustrada megalomanía del Grupo Mall. Desde los ventanales de esta torre contemplan con indignación el triste espectáculo que les brinda el que tendría que ser el emblema de Ciudad de Panamá. «Hay muchas quejas. Las hay porque han dejado colgados a los inversores y porque la zona se ha llenado de mosquitos por culpa del abandono en que se encuentra el proyecto. Hay auténticas plagas», explica la abogada Claudia Ríos, desde cuyo despacho se obtiene una visión nítida del insalubre «agujero» dejado por los españoles.

Es como un paraje devastado por un meteorito. Acaso falta una voz en *off*, igual que la de William Holden en *El crepúsculo de los dioses*, que narre desde el lecho de muerte esa imagen, paradigma del milagro económico español.

El Palacio de la Bahía, una torre de Babel de noventa y siete pisos bosquejada por el grupo Olloqui, aragoneses a más señas, tampoco se ha realizado. Demasiado alto, demasiada vanidad. Hace cuatro años, tanto los Faros como el Palacio de la Bahía se presentaban como la gran revolución del mercado inmobiliario panameño. Ninguno de los dos ha llegado a buen puerto. Ni siquiera una piedra. Al menos, todavía no.

El periodista intenta ponerse en contacto en varias ocasiones con el Grupo Mall sin recibir contestación alguna. Antes lo invitaban a viajes a Panamá y enviaban cuidados *dossiers* con fotografías del presidente de la compañía. Ahora, acorralados por la suspensión de pagos de su comercializadora inmobiliaria instada por el Grupo Barceló, se limitan a un sucinto: «Tomamos nota de su llamada». Los Olloqui sí cogen el teléfono. Siempre resultó chocante que una empresa familiar centrada en el negocio de las telecomunicaciones se embarcara en la construcción de pisos al otro lado del charco como el que va al estanco a comprar un paquete de cigarrillos.

—¿Qué ha pasado con Palacio de la Bahía? Dijeron que iba a ser el edificio más alto de Latinoamérica.

—Desde el primer momento surgieron dificultades técnicas que el arquitecto no había previsto —explica Rafael Casas, vicepresidente del Grupo Olloqui—. Tal y como estaba concebido, el proyecto era muy bonito… pero irrealizable. A partir de ahí se inició una lucha entre la propiedad y el arquitecto que terminó en los tribunales y que ha hecho que la construcción del edificio se demore tanto.

—Pero ya han pasado cuatro años. ¿No llegáis demasiado tarde?

—Efectivamente, el entusiasmo inicial de Adolfo Olloqui [presidente del grupo] se ha ido enfriando. Las cosas en Panamá han cambiado muchísimo. Ahora busca socios. No quiere acometer los proyectos en solitario.

En Panamá, primero se dispara y después se pregunta. Primero se levantan cientos de rascacielos y después se analiza si habrá suficientes inquilinos para ocuparlos, si eso no provocará más cortes de luz, si llegará agua para todos, si los atascos de las cinco y media a la salida del trabajo se transmutarán en infernales ratoneras. Su *skyline* se asemeja al de Nueva York, salvo porque aquí las nubes bailan salsa vieja en torno a los edificios y el cuarenta por ciento de los *penthouses* está desocupado. En Ciudad de Panamá, al igual que en NY, el dinero nunca duerme. Los casinos abren veinticuatro horas y los panameños se gastan cada uno de los centavos que ingresan en pantalones Diesel, Blackberries y gasolina para coches japoneses.

Por Panamá han transitado más de un millón de barcos en los cien años de existencia del Canal. Su presidente Martinelli es dueño de unos supermercados y ganó las elecciones con el lema «los locos somos más». Las inversiones se mueven con fluidez, y además se habla castellano, un cóctel demasiado atractivo para que las compañías españolas, ahora sin *business* dentro de sus fronteras, lo dejen escapar. Este pequeño país centroamericano, con menos habitantes que Madrid, se ha convertido en refugio para los gallegos, que así es como acá se dirigen a los españoles.

«Los gallegos siempre hemos tenido aquí fama de listillos. Fuimos los que inventamos la venta a crédito. Íbamos casa por casa vendiendo biblias y cuadros de la última Cena. También inventamos el descuento directo y las financieras ficticias», nos comenta Hilario Suárez, dueño de Taberna 21, una tasca en vía Argentina, epicentro de la colonia española en Panamá, donde se sirven olivas, pacharán y bocadillos de jamón. «En Panamá hay mucha coña con lo del dos por ciento del gallego», agrega en referencia a esa comisión, mitad fábula, mitad realidad, que los españoles aplican siempre que hacen de intermediarios.

Hilario, de tono afable, mejillas encarnadas, himno del Sporting de Gijón en el móvil, es una institución. Cuando un español se encuentra con un problema duda si acudir a la embajada o mejor dirigirse a Taberna 21. Es de Navia y a pesar de los trece años que lleva en el país, no puede, ni quiere, ocultar su acento asturiano. «Después de la guerra civil, hubo una primera migración a Panamá en la que el noventa por ciento eran gallegos. De todos ellos, el noventa por ciento eran de Orense y, de éstos, el noventa por ciento provienen de Carballino», una localidad de menos de quince mil habitantes al noroeste de Orense. Y es que en Panamá hay muchos gallegos, algún que otro asturiano y un señor de Murcia.

«Cuando llegué me puse a vender coches de la Volkswagen. A los dos años y medio, cuando se acabó el trabajo, estuve a punto de volverme. No encontraba nada. Al final monté esto», explica dejando entrever que las ha pasado canutas. «Otros no han tenido tanta suerte. Hace poco estuvo aquí un chaval que vino de España huyendo de la crisis para ver si encontraba algo. A los dos meses tuvo que volverse sin un duro.»

Le cuesta terminar una frase porque siempre hay alguien que se acerca a saludarle, o le da una palmada en la espalda, o acude a él en busca de ayuda. Suelen ser directivos y técnicos de las empresas españolas con intereses en aquel país, Sacyr, FCC, Cobra, Indra, Unión Fenosa, Abengoa, Codere, Cirsa, Hercesa. Las compañías de la piel de toro, que no de cordero, han puesto sus huevos en la cesta de Panamá.

El Canal es la clave. Eso lo supo ver Luis del Rivero, ese señor de Murcia que preside Sacyr, desde que el entonces presidente del país, Martín Torrijos, anunciara la ampliación de esta emblemática obra de infraestructuras que conecta el océano Atlántico con el Pacífico. Del Rivero, un hombre acostumbrado a caminar descalzo sobre las brasas del dinero y la política, presentó una oferta temeraria con la que se adjudicó la construcción del tercer juego de esclusas del Canal, una oferta irrisoria que no cuadraba en la calculadora del resto de competidores que pujaron por el contrato.

Pero mientras en España los agoreros aventuraban que «no lo hará, que dejará la obra colgada» igual que el Grupo Mall ha hecho con los Faros, el sentimiento que se respira entre los técnicos que recorren a diario las carreteras que conducen hasta el Canal es bien distinto: «Sacyr se la jugó y le está saliendo bien. La parte italiana, la de sus socios de Impreglio, va retrasada, pero la española va con un adelanto de una semana». Del Rivero no es profeta en su tierra, pero puede llegar a serlo en este pequeño país centroamericano. Como él hay otros muchos españoles.

Aiskoa Azpitarte dejó Marbella hace cuatro años porque «la cosa se estaba poniendo muy mal», se colgó el hatillo y se vino a Panamá. Ha cambiado de tacos: antes utilizaba el «gili» y ahora se vale de la «vaina» y la «chucha». Conserva el acento vasco. Eso es lo último en desaparecer. Encontró trabajo como asesora de inversión en Tribaldos, el mayor bróker inmobiliario del país, una especie de Carrefour del ladrillo: entras para comprar un par de tomates y te llevas dos *lofts* con vistas al mar.

Azpitarte todavía se muestra aturdida cuando cuenta cómo era Marbella justo días antes de su marcha. Se pone ojiplática. Era como las orgías que se organizaban en Roma en vísperas a la caída del Imperio. De eso hace cuatro años. En el 2006. Todavía no había irrumpido la crisis inmobiliaria, pero lo acababa de hacer el caso Malaya, un escándalo político y económico que dejaba al descubierto el endeble castillo de naipes sobre el que se asentaba el sistema. El milagro económico español no era lo que parecía. Los expertos auguran que no lo será hasta dentro de mucho tiempo.

El aguarrás que todo lo puede de Joaquín Rivero

Hay que emplear manos de cirujano para no pasarse de capa. Demasiada presión con el aguarrás y saltas de un siglo a otro sin querer. Borrar la pintura original es peligrosamente sencillo. «La técnica consiste en quitar todo lo que se ha repintado en cuatro siglos y, allí donde quedan lagunas, volver a pintar», explica Joaquín Rivero (Jerez, 1945), gurú de la cosa inmobiliaria, ex presidente de Metrovacesa y aficionado a la restauración de pintura vieja. Ahora está volcado en un cuadro barroco del siglo XVIII, *Dejad que los niños se acerquen a mí*, que le ha absorbido más de ciento cincuenta horas. Siempre el mismo ritual: su estudio, sus pinceles, su aguarrás.

El aguarrás lo borra todo. Mejor dicho, casi todo. Hay malas noticias que resultan tristemente indelebles, tal que la multa de la CNMV, la cruz con la que le han marcado algunos periódicos de papel como paradigma de los excesos del pasado o la ofensiva de la Fiscalía contra su persona. Anticorrupción ha presentado una querella contra Rivero por un delito de información privilegiada en la compra de acciones en el 2005. Dicho delito podría ser castigado con una pena de entre cuatro y seis años de prisión, multa de hasta el triple del beneficio obtenido e inhabilitación en el ejercicio de su profesión por entre dos y cinco años. «Me acusan de especular con esas acciones, pero las compré porque estábamos metidos de lleno en una guerra accionarial. Todavía tengo esos títulos. No lo hice para especular. No los he vendido.»

En el amor y en la guerra, todo vale. En el amor, en la guerra y en el negocio el ladrillo, un campo de batalla en el que sus actores están habituados a hundirse en el fango hasta las rodillas y trampear como jugadores de póquer. No es la primera vez que se ve salpicado en un caso de información privilegiada. En el 2006, Bami (después fusionada con Metrovacesa) fue sancionada por proporcionar indicios engañosos sobre el precio de sus acciones. Ignacio López del Hierro, hombre de confianza de Rivero, ex consejero de la corporación de Caja Castilla-La Mancha y marido de la secretaria general del PP, María Dolores de Cospedal, eran quien supervisaba la autocartera, por lo que fue multado con treinta y seis mil euros, una sanción que abonó íntegramente después de percibir una nómina extraordinaria de Metrovacesa por el mismo importe.

Los inmobiliarios se mueven en terreno peligroso. Eso lo sabe Rivero del sinfín de batallas que ha entablado a lo largo de su carrera con la Fiscalía Anticorrupción, con los Sanahuja, con Caltagirone. De todas ellas, las que más han dado que hablar fueron estas últimas, las que mantuvo con Francesco Gaetano Caltagirone, el constructor italiano que quiso entrar en Metrovacesa y con el que acabó a mamporrazos. No de esos golpes cuyas heridas se restañan con tiritas sino de los que duelen al bolsillo. Caltagirone era un bicho duro de pelar, pertenecía al círculo de empresarios afín a Berlusconi, tenía una trayectoria un tanto oscura y una *omertá* en torno a su apellido.

Cuentan que allá por el año 2002, en Marbella, en un encuentro improvisado en el vehículo de Caltagirone, al que acompañaban chófer, escolta y el propio Rivero, entre porcentajes y tiras y aflojas, hubo hasta tiros... o casi. En el trayecto, un coche intentó adelantar a gran velocidad al del constructor italiano con la mala fortuna de que carecía de potencia suficiente y tuvo que ir largo rato en paralelo. Los guardaespaldas se inquietaron. Ventana con ventana, puerta con puerta. No se despegaba. Afloraron los nervios. Ni para adelante ni para atrás. Los guardaespaldas se miraron, se tentaron el interior de la chaqueta y cuando se temía lo peor, Rivero les cortó en seco: «Parad, parad, que se os escapa un tiro», dijo maridando miedo escénico con socarronería andaluza.

En ese intercambio de reuniones, Caltagirone le planteó celebrar una en Milán, para la que puso su avión privado a disposición del empresario jerezano. «Lo hacemos en un suspiro: dos horas Madrid-Milán, una hora para charlar, y otras dos de regreso. Algo rápido.» «¿Qué me estás diciendo ——le regañó Rivero——, que me monte en tu avión, yo solo, sin que nadie lo sepa y sin más compañía que la del piloto? Ni loco. Lo haces estrellar.» Finalmente, el encuentro tuvo lugar en el Hotel Ritz de Lisboa, donde le esperaba Jacobo Gordon, colega de Alejandro Agag, quien le subió a una habitación donde tenían un desayuno preparado para Rivero, Caltagirone y el hijo del italiano. «Nada de eso», dijo el jerezano a Gordon. «No quiero reunirme aquí, mejor abajo, donde está todo el mundo para que nos vean bien.» Tras el desayuno, el empresario le ofreció de nuevo su avión. «Te podemos dejar en Madrid. Nos pilla de paso. Ahora vamos mi hijo y yo. Esta vez te fiarás, ¿no?» Y el de Metrovacesa, rotundo: «Pues tampoco».

Joaquín Rivero sigue pintando las mismas canas que hace una década, e incluso dos. Es un tipo peculiar. Además de su prurito inmobiliario, posee una colección de arte de más de trescientas obras de maestros españoles del siglo XV al XIX, goyas, grecos, velázquez, zurbaranes, villamiles, etcétera, creaciones modestas que han sido recogidas de hogares e iglesias en las que acumulaban polvo en el anonimato. Esta pinacoteca la gestiona Elena Rivero (sin hache), hija de Joaquín y Helena (con hache), que también se encarga de la bodega familiar, conocida por sus vinos de jerez y su *brandy*, todos ellos catalogados como *very old sherry*, con más de veinte años, o *very old rare sherry*, más de treinta. En el *brandy* sobrepasan los cincuenta. En su faceta náutica, Rivero es, junto a su socio Pedro Bores, dueño del puerto deportivo de Cádiz, Puerto Sherry, en su día propiedad del Banco Árabe Español.

Rivero ha vivido tres crisis, la de principios de los setenta, la del ochenta y cinco, y la del noventa y dos, pero ninguna como ésta, que bien podría ser la madre de todas las crisis. De él dicen que es una de las personas que más entiende del inmobiliario junto con Luis Arredondo, el hombre que lleva los temas del ladrillo a Emilio Botín, aunque tanto uno como otro cuentan con máculas en su currículum. Rivero por esos pecadillos en los que ha incurrido para mantener el control de sus negocios, y Arredondo por esa inclinación a meter a sus hijos en las empresas que lo contratan.

La proyección pública de Joaquín Rivero comenzó en 1997, cuando se hizo con Bami tras comprarle la participación de control al Banco Central Hispano. Después vinieron Zabálburu, Metrovacesa y Gecina. Rivero no cejaba en su idea de engullir empresas como si le hubieran enchufado a una pantalla de comecocos. Tuvo que descabalgarse de tan lustroso corcel el día en que sus otrora socios y amigos, los Sanahuja, decidieron librar la guerra por su cuenta, iniciando una batalla accionarial que, como cualquier matrimonio malavenido, finalizó con un acuerdo de separación de bienes por el que la familia catalana se quedaba con Metrovacesa y Rivero con un pedazo de Gecina.

Ya en solitario, los Sanahuja, de la mano de su consejero delegado, Jesús García de Ponga, adquirieron la torre del HSBC y pusieron en marcha Walbrock, dos proyectos mil millonarios, ambos en Londres, en los que intermedió Colliers International, se repartieron cuantiosas comisiones y de los que terminaron saliendo con pérdidas astronómicas. Aprovechando el *crash*, los bancos acreedores echaron a los Sanahuja de la compañía y forzaron la salida de Rivero de la presidencia de Gecina. Su refugio actual es Nueva Bami, que creó para aprovechar las oportunidades que brindaba la crisis en España. El principal activo de Nueva Bami es el complejo Adequa, que comercializa su sobrino Tomás Rivero y que es como la torre del Real Madrid y Torre Europa juntas.

Adequa está en la carretera de Burgos, no muy lejos de la nueva sede de Metrovacesa, donde ya no queda nada de los Sanahuja. Tampoco de Rivero, al que la criatura se le torció cuando alcanzó la madurez. «Me da pena por el equipo que tenía —dice Joaquín Rivero de su antigua compañía—, por los años que pasamos allí juntos. No por mí. Por la edad y experiencia acumulada, ya no tengo que demostrar nada a nadie.»

El hombre de voz ronca que hacía las sumas a Zapatero

Hay muchos tipos de fantasmas y cada palacio tiene el suyo. Unos son espíritus invisibles al ojo humano, parecen sacados de un *poltergeist*, vuelan y en ocasiones dejan sustancias mucosas a su paso; otros espectros, en cambio, tienen consistencia material, pueden aparecerse a los vivos y generan psicofonías como las del palacio de Linares. Todo muy real. Dentro de esta última categoría se encuentran esos «conversos de los números» que se prodigan tanto en la sociedad española, fantasmas que en vidas anteriores presumían de ser economistas independientes y que ahora se desenmascaran como políticos de traje de látex y látigo con pinchos.

Por la Torre Negra del BBVA han pasado unos cuantos fantasmas, aunque por suerte para su presidente, Francisco González (los fenómenos paranormales ahuyentan a la clientela), ya quedan pocos. La mayoría ha abandonado sus dependencias, algunos por razones de edad, otros por estar ocupados en *road shows* judiciales, y un tercer tipo, los conversos, por ínfulas políticas. Es el caso del estudioso económico David Taguas Coejo (Madrid, 1954), otrora subdirector del servicio de estudios de este banco, quien no hace mucho decidió quitarse la sábana blanca, soltarse las cadenas y mostrar su verdadero rostro, el que ya muchos conocían.

Está doctorado en ciencias económicas por la Universidad de Navarra y es técnico diplomado del Instituto Nacional de Estadística, realizando estudios de postgrado en el Banco de España y desarrollando su actividad profesional en el Ministerio de Economía y Hacienda como asesor de la Secretaría de Estado de Hacienda (1991-1996) y asesor de la Secretaría de Estado de Presupuestos y Gastos (1996-1997). Pero a diferencia del prototipo de economista al uso, enclenque, bajito, con gafas de pasta y pelo raleado, Taguas es alto y de complexión fuerte. Tiene bolsas en los ojos y la voz ronca, como de ultratumba, como si fumara tres cajetillas de Ducados al día, pero la cajetilla entera, nada de cigarro tras cigarro. Es persona de carácter y cara de cabreo crónico. Sus próximos hablan bien de él y lo describen como una persona afable. Pero en la distancia, *el Taguas* acojona. Muy pocos le han visto sonreír.

No siempre fue así. Toda transmutación requiere de una catarsis, y la de Taguas se produjo cuando FG puso de patitas en la calle a Miguel Sebastián por trabajar más para el PSOE que para el BBVA. Ese día Taguas se convirtió en un fantasma. Habían echado a su jefe, a su amigo, a su confidente. Por si fuera poco, en vez de promocionarle en el escalafón, le habían dejado como subdirector de un departamento que, por imperativo de la jerarquía superior, había quedado postergado a un segundo plano tras el paso del polémico Sebastián. Triste y cabizbajo, se pasó los años siguientes deambulando por los pasillos del servicio de estudios del banco, primero en Azca y después en el palacio del Marqués de Salamanca, quejándose entre dientes de lo politizadas que estaban las finanzas y de lo complicado que era ejercer el librepensamiento en un área a priori independiente como era la suya.

A veces quedaba a charlar con alguno de los pocos periodistas amigos con los que contaba, entre ellos alguno de *El Confidencial*. Lo hacían en la cafetería de El Corte Inglés de Nuevos Ministerios y allí Taguas, midiendo las palabras como si tuviera miedo a no ser entendido, o mejor al revés, como si tuviera miedo a que lo calaran, a que descubrieran su trasfondo de armario de cuatro por cuatro, se ponía a criticar de forma velada a Rato y a Francisco González, decía que el del BBVA se había dejado engañar por el primero y que se había creído a pies juntillas que Sebastián era un submarino del PSOE en el banco, que vaya tontería, que Sebastián era independiente, como él, que la política española da asco, tan timorata, tan intervencionista, que lo que había que aplicar era el tipo único en el IRPF y quitar las deducciones a la compra de vivienda, que eso es la economía moderna, que los demás no entienden, que Sebastián y él son unos incomprendidos.

Los que le escuchaban decir esto tenían la impresión de estar sentados en un aula de la Universidad Carlos III y le daban la razón como autómatas, pues uno acaba fiándose más de la ciencia económica que de la verborrea de los políticos, y entre un ministro y un técnico de los números, es preferible optar por este último, que al menos sabe lo que vale un café de máquina. Curiosamente, pocos meses después de todo aquello, Sebastián se convertiría en el asesor de Zapatero encargado de elaborar el programa económico del PSOE para las elecciones generales del 2004 (*au revoir* doctorado por la Universidad de Minnesota, *bonjour* despachete en Ferraz).

El Confidencial siguió el hilo del nuevo gurú socialista y se encontró con la madeja de los colaboradores que le habían estado ayudando en sus nuevos cometidos. Se publicó en un artículo titulado «Por sus iniciales les conoceréis: economistas del Banco de España, Cemfi, BBVA y Carlos III escriben el programa electoral del PSOE». Desde entonces, David Taguas no se pone al teléfono de determinados periodistas. Quizá por miedo, pues entonces trabajaba en una empresa privada, quizá por sentirse ofendido, creyendo, como el que se repite una mentira muchas veces, que él no tenía ascendencia política y que era un mero técnico.

En este caso, el tiempo no ha servido para curar heridas, pero sí para desenmascarar a aquellos economistas a los que se les llenaba la boca de términos como «independencia» y «libre competencia», y que ahora se dedican a hacerle zancadillas a aquellos que defienden el recto funcionamiento de los mercados y a ponerle una alfombra roja a una compañía pública extranjera como Enel para que se haga con una compañía privada como Endesa, otrora joya de la corona del empresariado patrio.

Todos ellos formaban parte de los Sebastian's Boys, un grupo de amigos próximo a los socialistas que durante los gobiernos del PP se reunía casi de forma clandestina para hacer de *think tank* económico en ambientes académicos y financieros, y que tras la llegada del PSOE al poder ha comenzado a copar puestos relevantes en la Administración. Solían compartir mesa, mantel, botella de vino y un ideario económico que, paradójicamente, poco tenía que ver con las tesis progresistas de Zapatero. Además de Sebastián y Taguas, a esos encuentros *petit comité* también acudían Soledad Núñez, entonces directora general del Tesoro; César Molinas, ex *mana-*

ging director de Merrill Lynch para Europa, y Antonio Zabalza, ex secretario de Estado de Hacienda.

Con el tiempo, Sebastián se llevaría a Taguas como machaca al Palacio de la Moncloa para Zapatero. Le hacía las sumas y el trabajo sucio. O eso decían. De sus manos salió el Informe Económico del Presidente del Gobierno 2007, documento que Zapatero presentó en la madrileña plaza de Lealtad en loor de multitudes y que venía a glosar las bondades de España. «Somos la octava potencia mundial», dijo Taguas en boca del presidente. A uno le costaba imaginar que aquellas palabras salieran del magín del director de la Oficina Económica de Moncloa, persona siempre crítica, quizás en exceso, con la complacencia de este país nuestro, por lo que había que entenderlas exclusivamente dentro de un contexto electoral.

Como en Moncloa no le hacían mucho caso, Taguas puso pies en polvorosa y entró en la nómina de los señores del ladrillo, convirtiéndose en el presidente de su patronal, la Sociedad de Empresas de Obras Públicas de Ámbito Nacional (Seopan). Se convirtió en el abogado del diablo. Las mismas compañías a las que zahería con su verbo, a las que tildaba de provincianas, se convertían de esa forma en su dueño. Taguas fue del BBVA, después de Zapatero y ahora lo es de los señores del ladrillo. Desde Keynes hasta Galbraith, todo gran economista que se precie se mueve por impulsos ideológicos. Ese no es el problema. Lo grave llega cuando uno se traiciona a sí mismo, se olvida de los principios que decía defender y se pone a mangonear en las empresas por orden del «jefe», beneficiando a los amigos y perjudicando a los que no lo son. Por desgracia para Taguas, ya no tiene ninguna sábana donde esconderse.

De los calzones de Soros a las bragas de Madonna

Estuvo a un tris de vender la compañía por trecientos cincuenta millones de euros hace unos años. George Soros (1930), ese especulador que sirve de modelo para los personajes de viejo gruñón de los dibujos de Pixar y posee un olfato natural para el níquel de las monedas de centavo, adivinó que era el momento de desprenderse de su negocio inmobiliario español. Frisaba el año 2007 y los vientos que venían del oeste anticipaban fin de ciclo. La venta se frustró por diferencias en el parné. Tiempo después, Soros anunció que dejaba definitivamente el país. Vendía su participación en Medgroup, compañía que gestiona proyectos de turismo residencial, a «un precio simbólico», esto es, por lo que cuesta un paquete de tabaco en una máquina de bar. Ladrillo nacional a precio de saldo. Nadie lo quiere. De cientos de millones a prácticamente nada.

Medgroup presumía de contar en su accionariado con dos fondos de alto linaje en el mundo de las finanzas: el Soros Real Estate Investors (George Soros) y el Perry Capital Management (de Richard Perry, ex Goldman Sachs). Tal es así que cuando alguien preguntaba por la salud del mercado inmobiliario de Barcelona, los gurús de la cosa declamaban el argumentario a pies juntillas: si Soros había elegido Cataluña para hacer negocio, era porque funcionaba bien de *collons*. Era un símbolo para la Ciudad Condal. Pero el tiburón de los mercados no aguantó el tirón, ni los números rojos, ni los concursos de acreedores. El ladrillo español, debió pensar, no pasaba de ser mero adobe.

Soros y Perry vendieron sus acciones a Jordi Robinat, presidente de Medgroup, con el que el periodista intentó sin éxito ponerse en contacto. Aunque los activos que gestiona han sido durante largo tiempo sinónimo de *glamour*, la pátina de éstos se ha vuelto herrumbrosa según ha ido avanzando la crisis. Está el complejo de lujo La Manga Club, del que encargaba la cadena de hoteles Hyatt hasta que el establecimiento se declaró en quiebra; está el Resort Playa Macenas, en Mojácar (Almería), una especie de *Algarrobico bis* al que han enredado en líos judiciales y tiene a los ecologistas en frente; y está el Resort Bonmont Costa Daurada, en Tarragona, en su día conocido por Les Nits de Bonmont, donde cantaba Serrat eso de «se equivocó la paloma, se equivocaba. Por ir al norte fue al sur, creyó que el trigo era el agua».

Pero ni Soros tiene intención de pisar de nuevo los predios nacionales ni Serrat ha vuelto a rasgar su guitarra en las intimistas cenas de la tarraconense Mont-roig del Camp. El oasis catalán, ése que estaba inmunizado frente a virus exógenos, que propiciaba el oscurantismo y la ley del silencio («ustedes tienen un problema que se llama tres por ciento»), que no penalizaba la corrupción sino que la alentaba, y que venía a confirmar algún que otro sambenito tal que ése que dice que los ladrilleros, antes de cerrar un local, lo quemaban para cobrar el seguro, ese oasis catalán, digo, ha dejado de ser tal oasis.

Como en el juego de los barquitos, el torpedo de la crisis ha dado de lleno en el portaaviones de la burguesía catalana.

«La crisis inmobiliaria llegó a Cataluña más tarde que a Madrid. El mercado de oficinas de Barcelona siempre ha sido más estable, tanto en los buenos como en los malos momentos, y menos expuesto a los mercados internacionales. Sin embargo, en el 2009 hubo un punto de inflexión y el ratio de disponibilidad se disparó», señalan en la consultora Aguirre Newman. Esto ha provocado que «el perfil del inversor inmobiliario en Cataluña haya cambiado en los últimos cuatro años. Los inversores institucionales han sido sustituidos por *family offices*, patrimonios catalanes que han desinvertido en sus negocios o han recibido herencias y contaban con mucha liquidez».

Ellos tomaron el relevo de los grandes fondos inmobiliarios. Esas fortunas anónimas a las que no les gustan los focos de lo público y se desplazan con sigilo por las catacumbas de la Ciudad Condal, comenzaron a hacer sus pinitos inmobiliarios. Godia (Abertis y Fersa), Costafreda (fundadores de Panrico), Daurella (Cobega), Gallardo (Almirall), Carulla (Agrolimen), se pusieron a comprar edificios con la discreción que caracteriza a estos apellidos. Las operaciones se hacían al contado. No necesitaban préstamos. Tenían mucho dinero y lo tenían escondido bajo el colchón.

Pero en el año 2009 la situación tornó a una complejidad sin precedentes y los *family offices* cayeron en la cuenta de que la crisis también iba con ellos, de que la tocata y fuga de los fondos extranjeros tenía su razón de ser, de que el ladrillo no era tan seguro y conservador como creían. La burguesía catalana se retiró a sus cuarteles. Ahora no hay ningún operador activo. «Se han ido todos. En el pasado hacían operaciones, pero ya no. Figueras está en "busca y captura"; los Sanahuja tienen todo su patrimonio en concurso de acreedores; sólo algún Costafreda se atreve con alguna operación de poca monta. La cosa pinta mal», explica un gestor de patrimonios. Las familias, al igual que Soros, han dado la espalda al inmobiliario catalán.

En el 2008 se cerró la contratación de trescientos cincuenta mil metros cuadrados en el mercado de oficinas en Cataluña. Este año difícilmente se alcanzarán los doscientos cincuenta mil. «El ejercicio 2009 fue durísimo, el peor que recuerdo, y el 2010 no le está yendo a la zaga», señala Javier Güell, director de inversiones de Aguirre Newman en Barcelona. Solo ha habido una operación reseñable: la venta del complejo Diagonal 640, sede de Caja Madrid, al fondo inmobiliario alemán Deka por ciento cuarenta millones de euros, una transacción atípica por lo voluminoso del montante y por el comprador: institucional y germano. «Menos mal que no nos lo dieron a nosotros», suspira una de las familias que pujó por este edificio. «Los alemanes deben estar pegándose de golpes contra la pared. Tal y como está el mercado y con la deuda española a más del cinco por ciento, los números no salen.»

Metrópolis, ese fondo híbrido aliado de La Caixa en el que se encuentran Xercavins, Cuatrecasas, Ferrero, Soler, Godia, Bassat y Clos, entre otros, y que esconde en la riñonera cerca de quinientos millones de euros, apenas ha salido de compras. Un par de edificios en Madrid, algo por Europa, y nada en Barcelona. No hay oportunidades. No es el momento. El riesgo es máximo. Hemisferio, brazo inversor de la familia Lara, también está parado. Los mercados le han calzado en los pies unos zapatos de cemento armado. La «pillada» que

Lara tiene en Banco Sabadell pesa como una losa. Adquirió el cinco por ciento del capital por unos quinientos cincuenta y tres millones de euros (a unos 8,5 euros por título). Ahora esa participación apenas supera los doscientos millones.

En peor situación se encuentran otros dos apellidos con pedigrí en los cenáculos catalanes: Figueras y Sanahuja. Bruno Figueras se enfrenta a una pena de dos años de prisión por un accidente laboral que costó la vida a cinco obreros y tuvo lugar en un edificio de Habitat, inmobiliaria que él preside y que actualmente está en proceso concursal. Por su parte, Sacresa, promotora catalana propiedad de los Sanahuja, se vio abocada a presentar la suspensión de pagos el pasado mes junio. Por volumen, es el tercer mayor concurso de acreedores del país con un pasivo de mil ochocientos millones de euros, sólo por detrás del de Martinsa Fadesa y la propia Habitat.

Es el final de la escapada. Los Sanahuja tuvieron que desprenderse del centro comercial Las Arenas, en Barcelona, en un vano intento por adelgazar su deuda. Es un edificio simbólico, ubicado en la antigua plaza de toros que lleva el mismo nombre y diseñado por Richard Rogers. Las obras estuvieron paralizadas durante largo tiempo. No había dinero. Dentro de este proyecto, quizá para poner una brizna de optimismo al grisáceo mercado inmobiliario barcelonés, han reservado un hueco en sus instalaciones al futuro Museo del Rock, el primero de estas características que se abrirá en Europa. Entre las piezas de exposición se encuentra la ropa interior de la cantante Madonna, adquirida en pública subasta en el Museo Madame Tussauds de Londres. En un intento por dar con un nuevo modelo productivo que nos saque de la crisis, los promotores catalanes han cambiado los calzones de Soros por las bragas de Madonna.

DDM, el *sheriff* innombrable de Castilla-La Mancha

DDM provocó la caída de CCM. Fue uno de los desencadenantes que llevaron a la intervención de Caja Castilla-La Mancha, punto de partida de la actual crisis financiera. DDM controla los medios de comunicación de la región y posee una televisión que ha puesto al servicio del poder y que es conocida coloquialmente como Telebarreda. DDM fue compañero de pupitre del presidente manchego en el Colegio de Nuestra Señora del Prado, los marianistas, y dicen que es él, y no su amigo Barreda, quien dicta la ley en esta comunidad. El amo. El *sheriff* al norte de Despeñaperros. El innombrable.

Domingo Díaz de Mera (1955) también es el dueño del Club Balonmano Ciudad Real. Lleva más de una década al frente de esta institución. Mostacho encanecido, frente despejada, viste *casual*, con polos coloridos y vaqueros desgastados, como si aún conservara el ropero de cuando cursaba derecho en la Complutense. Tiene casa en los aledaños del Ayuntamiento, en una especie de dúplex elevado al cubo. Se le ve con frecuencia desayunando en los bares de alrededor. También en el AVE que lleva de esta ciudad manchega a Madrid. Siempre saluda. Es un tipo que gana en las distancias cortas y que ha situado a esta modesta localidad manchega en el mapa del deporte internacional. No en vano, Ciudad Real será una de las sedes del mundial que se celebrará en España en 2013. Tiene a los lugareños rendidos a sus pies.

Díaz de Mera es profeta en su tierra. Sólo en su tierra. Fuera de Castilla-La Mancha tiene mala prensa. Dentro, no. Básicamente porque en Castilla-La Mancha él es el dueño de la prensa. Posee un *holding*, Green Publicidad y Medios, del que cuelgan sus licencias de televisión y radio, entre ellas CRN, Canal Regional de Noticias, esto es, Telebarreda. Su imagen siempre ha estado asociada a la propiedad de *El Día de Ciudad Real*, aunque trata de desvincularse. En 1998 montó otro periódico, *Las Noticias de Castilla-La Mancha*, con delegaciones en las cinco provincias de la región y que cerró justo después de que Bono ganase las elecciones.

Tiene un blog personal, www.domingodiazdemera.com, que ha montado para defenderse de las críticas foráneas («Las cosas claras: no le debo un euro a CCM. Basta ya», «Para los tontos no hay sermón», «Agustín Flores Vadillo, administrador del aeropuerto, se equivoca», son algunos de los *posts* que ha escrito en tan singular bitácora). En un sucinto currículum dice que es presidente del Balonmano Ciudad Real, emprendedor e inversor en medios de comunicación, aunque omite sus remilgos a la hora de defender esa cosa tan etérea a la que llaman libertad de expresión.

Fue muy sonado en la Red el caso del periodista Carlos Otto, redactor de *El Día*, quien el 27 de octubre del 2008 escribió en su *blog* personal el artículo «Por encima del bien y del mal», un texto crítico con su «jefe» Díaz de Mera y con Juan Antonio León Triviño, constructor y presidente del aeropuerto de Ciudad Real. Al día siguiente fue despedido.

También llaman la atención las ruedas de prensa del club de balonmano, con Dujshebaev al frente, llamando «caradura» y «enemigo del club» a todo aquel que se atreva a mentar el nombre de Díaz de Mera en vano. No se le puede criticar. No se le puede nombrar. Es DDM.

Cospedal tampoco habla de él. Si acaso, se vale de eufemismos y circunloquios cuando tiene que referirse a su bestia negra. Es como si al Partido Popular le hubieran pegado los labios con Loctite. Quizá porque Díaz de Mera mantuvo una más que cordial relación con el anterior alcalde de Ciudad Real, el popular Francisco Gil-Ortega, y también —aunque en menor grado— con la actual regidora, Rosa Romero, quien el pasado mes de junio le prorrogó la cesión del pabellón Quijote Arena por otros veinticinco años y anunció una nueva subvención de trescientos treinta mil euros para la presente temporada.

DDM es una bomba lapa bajo el maletero de PSOE y PP susceptible de explosionar en cualquier momento, de ahí que tanto unos como otros comiencen a marcar distancias. Los compañeros socialistas insisten machaconamente a Barreda para que eche lastre y mida con cuentagotas sus apariciones públicas con el inseparable Díaz de Mera. Por su lado, los populares tratan de hacer ver a su regidora lo inconveniente de acceder a las actuales pretensiones del empresario manchego, que quiere que el Ayuntamiento le ceda gratuitamente más terrenos públicos en los aledaños del Quijote Arena para levantar un Centro de Alto Rendimiento.

¿Pero de dónde viene esta leyenda que si no es negra bien pudiera ser del color de la antracita y persigue a Díaz de Mera de un tiempo a esta parte? Del ladrillo. Es el origen de todos los males. Siempre es el ladrillo. Una fiebre que atacó de lleno a Díaz de Mera, que se dejó arrastrar por ese carrusel de compras, fusiones y dinero fácil en que se embarcó el sector, que le llevó a endeudarse de forma desproporcionada y que hizo que se convirtiera en el principal cliente de la intervenida Caja Castilla-La Mancha, actualmente en manos de Cajastur. Tal es así que Díaz de Mera y sus socios Ignacio Barco y Román Sanahuja acaparaban el cuarenta por ciento de los recursos propios de CCM. En total, unos setecientos millones de euros.

Todo ello ha devenido en una cadena de dislates. Ladrillo que ha tocado, ladrillo que ha terminado convertido en arcilla. Díaz de Mera fue socio de referencia y consejero de Colonial y Metrovacesa, compañías que están en manos de los bancos y con la cotización en mínimos. Global Consulting Partners, matriz desde la que realizaba buena parte de sus inversiones, se encuentra en concurso de acreedores, al igual que sus filiares. Labaro, inmobiliaria que presidía Julio Mateo pero que él dirigía desde la sombra, también. Además, estuvo imputado a petición de la Fiscalía Anticorrupción en el llamado caso El Monte junto a Román Sanahuja por una operación de compraventa de acciones de Metrovacesa a un precio inferior al real.

Sanahuja hace ya años que puso tierra de por medio con Díaz de Mera. Ignacio Barco, en cambio, continúa fiel a su inseparable compañero de fatigas y quiebras. Barco, otro Quijote de la Mancha, dueño de la marca de quesos Villadiego, dio el pelotazo con la venta de *La Tribuna de Ciudad Real* al Grupo Correo (hoy Vocento). Actualmente comparte inversiones con Díaz de Mera en inmobiliarias, medios de comunicación, club de balonmano y aeropuerto de Ciudad Real. Es el parapeto que este último se ha puesto para que no le alcancen las balas. Cuando hace tiempo el periodista preguntó a Díaz de Mera por una de sus múltiples sociedades, Globalmet, se salió por la tangente: «Yo ya no estoy ahí. Barco. Es Barco el que está».

Díaz de Mera, Barco, Triviño, Méndez Pozo *et alii* aparecen también detrás del fallido pelotazo del aeropuerto fantasma de Ciudad Real. Decimos fantasma porque es un proyecto hueco que está en suspensión de pagos, la dirección ha ejecutado un Expediente de Regulación de Empleo que afecta a toda la plantilla, y una empresa pública ha tenido que «enchufar» 2,3 millones de euros a Vueling para que opere desde Ciudad Real, ya que Ryanair, Air Nostrum y Air Berlín se han marchado. Un puñado de vuelos semanales a Barcelona, otros dos a París, y basta. Los gestores han mandado un comunicado a los medios en el que se pide que no se hable de la situación del aeropuerto. No se les puede criticar. No se les puede nombrar.

Los vítores que cada fin de semana se escuchan en el Quijote Arena acallan quiebras y escándalos. Los éxitos del deporte ciudadrealeño sirven de redención para los pecadillos de Díaz de Mera. El fin de año hubo cotillón en el Quijote Arena. El botellón lo promovían Jorge Díaz de Mera y Nacho Barco Jr., hijos de los mencionados. Cava a raudales, DJs, cincuenta mil vatios de sonido y hasta lanzallamas. Mucho concurso de acreedores, mucha Fiscalía Anticorrupción, pero el *show* debe continuar.

«Fernando Martín era como los jugadores de ruleta», comenta uno de sus antiguos socios. «Apostaba al rojo, ganaba, doblaba el dinero y lo apostaba de nuevo todo al rojo. La bola siempre caía en su casilla. Llegó a acumular más fichas que nadie. Hacía torres con ellas. Era un hombre desafiante y con suerte. Hasta que compró Fadesa. Ese día salió negro y lo perdió todo.» El 14 de julio del 2008, Martinsa-Fadesa se declaró en suspensión de pagos con una deuda próxima a los siete mil millones de euros, lo que la convertía en la mayor quiebra de la historia de España.

Sus compañeros del ladrillo se apresuraron a darle cristiana sepultura. Nunca lo consideraron uno de los suyos. Martín tiene un punto introvertido que hace que sólo se fíe de su mujer, María Jesús del Agua. Con el resto guarda las distancias. Martinsa bien podría seguir enterrada dos pies bajo tierra si no hubiera sido por la testarudez de este matrimonio. El martes 4 de enero del 2011, dos años y medio después de la gran quiebra, tanto Martinsa como sus filiales salieron del concurso de acreedores.

Pocas cosas parecen haber cambiado en este tiempo en Castellana 93, edificio donde ocupa oficinas Fernando Martín. Su despacho abarca una planta entera, silencioso, parco en mobiliario y paradigma de la austeridad castellana que marca a fuego el carácter de este empresario de Trigueros del Valle, provincia de Valladolid. De paredes desnudas, sillones de cuero negro y alfombras desvaídas, podría valer como tablero de ajedrez gigante. Allí se pasa los días golpeando la calculadora para que le cuadren los números. «Trabajar mañana, tarde y noche. Una esclavitud a prueba de bombas. Gracias a eso he podido levantar la compañía.»

Fernando Martín (1947), licenciado en ciencias químicas, lleva gafas caídas como zapatero remendón, habla en el mismo tono que un comerciante de provincia y presume de memoria prodigiosa. Presumir y fabular le van en el cargo. Viejos compañeros de fatigas aseguran que es tan mago como Houdini, que se ha inventado su propia historia y que, de tanto repetirla, la ha terminado haciendo realidad.

Igual que ideó levantar la mayor inmobiliaria del país, también pergeñó en su magín hacerse con la presidencia del Real Madrid y, a fuer de imaginarlo, lo consiguió. Todavía hoy dice seguir manteniendo una relación cordial con el equipo blanco a pesar de salir de aquella forma. «Me llevo muy bien con la plantilla. No he perdido el contacto y sigo yendo al Bernabéu. Me invitan todos los fines de semana. La historia con Florentino es agua pasada. Sabemos lo que pasó: que al día siguiente de irse ya quería volver a la presidencia. Alguna vez he hablado con él e incluso me ha pedido perdón.»

Desde sus inicios ya padecía el síndrome de Florentino. Esto es, quería ser más rico que Florentino, más influyente que Florentino, más alto que Florentino. *El Chato*, sobrenombre con el que se le conoce tanto en su pueblo como en el palco del Bernabéu, es un coleccionista de síndromes (el de la Moncloa, el de Sísifo, el de Estocolmo), pero ninguno como el de Florentino. «He estado jodido, muy jodido, pero ahora me encuentro bien», confiesa Fernando Martín. «Mi gran fracaso ha sido Fadesa», reconoce. «Jove me la ofreció y me gustó porque tenía mucho suelo a desarrollar, que era mi negocio, donde yo soy experto. Además, cotizaba en bolsa y había emprendido su expansión. Era atractiva. Lo que desconocía era todo lo que ocultaba detrás.»

Tras la adquisición de Fadesa, los hechos se sucedieron con rapidez: suspensión de pagos, expedientes de regulación de empleo, pérdidas mil millonarias. El juez designó a administradores concursales tras la declaración de insolvencia, pero Fernando Martín se las apañó para continuar al frente del timón. «No os refinanciéis», decía a todo promotor que quisiera escucharle. «Meteos en concurso. De esa forma seguiréis mandando en la empresa.»

Tal es así que, a pesar de la fila de acreedores que tenía llamando a su puerta, se fijó un «sueldo» de 2,6 millones de euros en el 2009. Los administradores no pusieron objeción alguna. «Ese dinero es casi regalado. Debería haber cobrado mucho más», argumenta Fernando Martín. «Cuando dije a los bancos que iba a reiniciar viviendas en mitad del concurso, me miraron como si estuviera loco. Ahora me dan la razón. Sin mí, no podrían haberlo hecho. Les podía haber dejado y haberme ido a otro lado a hacer negocio. Pero me quedé. Poco me parecen 2,6 millones.»

Cuando Ignacio Camuñas llegó de nuevas a Valladolid como cabeza de lista por la UCD allá por 1979 se encontró de secretario provincial del partido a un chico «muy inteligente y trabajador», un tal Fernando Martín, del que no se podía imaginar entonces el papel protagonista que tendría años después. La aventura política le duró sólo tres años y medio, hasta que se produjo la debacle electoral de la UCD. Entonces Camuñas se lo llevó a Madrid y le metió en la compañía familiar, Prehogar Servicios Inmobiliarios, lo que supuso su primera toma de contacto con el mundo del ladrillo. «Allí fui subdirector, director y consejero delegado. Conseguí mucho dinero para ellos.»

Tras dejar a los Camuñas, montó Promociones y Urbanizaciones Martín S. A., conocida comercialmente como Martinsa. Su primera promoción fue en el barrio madrileño de Lacoma, «en la que tuve que negociar con el patriarca para el realojo de los gitanos y llegué a presenciar tiros por tema de drogas», después vino Tres Olivos y ya más tarde los PAUs de Montecarmelo y Las Tablas, «mis grandes obras», con las que comenzó a engrasar la caja registradora gracias a ese lucrativo negocio que en la Comunidad de Madrid supone la Vivienda de Protección Oficial (VPO).

Compraba suelo a precio de saldo a la ACS de Florentino Pérez y a la FCC Construcción de Emilio Cebamanos y después lo revendía por el triple. «¿Por qué ACS y FCC se prestaban a ese juego? Nadie lo sabe», dice un cooperativista. Fernando Martín se hizo en enero del 2001 con la Parcela 37.3 de Montecarmelo por 2,4 millones de euros y la recolocó cuatro meses después por 6,2 millones; la Parcela 11.3 la adquirió por 1,75 y la vendió nueve meses más tarde por cuatro veces más: 7,7 millones.

La operativa era sencilla y consistía, grosso modo, en especular con la vivienda de protección oficial. Fernando Martín se quiso aprovechar de las lagunas de este mercado, igual que los Pelayos se hicieron millonarios aprovechándose de las imperfecciones de las mesas de ruleta. «ACS y FCC no me regalaban el suelo. Yo se lo compraba. Es verdad que después se lo vendía a las cooperativas a un precio superior. No soy tonto», dice.

Pero si lo que le hizo rico fue la VPO, lo que le convirtió en millonario fueron sus inversiones en bolsa. «Todo el mundo habla de lo que saqué en Sacyr, pero nadie de Fenosa». Fue a raíz de estos pelotazos bursátiles cuando comenzó a creérselo de verdad. Sí, Fernando Martín, alias *el Chato*, podía superar a Florentino Pérez y convertirse en el hombre más rico de España. Pero en el 2006 se topó con Fadesa, su «gran fracaso», para la que se endeudó hasta la camisa del cuello y puso en marcha una polémica ampliación de capital que dejó un sinfín de ronchas entre quienes acudieron a ella. Y dos años después, en el 2008, se dio de bruces con la «gran quiebra».

En el 2011, sin embargo, las tornas cambian. Martín se muestra eufórico. Sujeta entre sus manos un cuadro con las cifras de la compañía como si fuera el rey Arturo con su espada *Excalibur*: más de cinco mil setecientas viviendas vendidas desde el 2008, una deuda reducida a cinco mil doscientos millones, pérdidas que a 31 de octubre del 2010 no llegaban a los cien millones frente a los dos mil quinientos de hace dos años. «¿Cómo es posible que esté vendiendo tantas casas? Porque nadie tiene suelo a un precio tan bajo como el mío.» Fernando Martín ha vuelto. Se ha levantado y ha echado a andar. Es el síndrome de Lázaro.

El insomnio del señor Jove

«Tengo que tomarme dos pastillas todas las noches para poder dormir», dice compungido Manuel Jove mientras da vueltas a lo que queda de su puro. Lo hace girar mientras prende con un mechero sus ya agonizantes cenizas en un intento por insuflarle vida. A pesar de que se encuentra en su casa, una de sus muchas casas, la que posee en Fernández de la Hoz, mansión señorial en pleno centro de Madrid, el empresario gallego solicita permiso a los presentes para fumar. Exhala el humo sin muchos aspavientos. Manuel Jove padece insomnio. No puede dormir desde que Fernando Martín decidiera emprender acciones legales contra él y Antonio de la Morena, que eran presidente y consejero delegado de Fadesa, respectivamente, en el momento de la venta de la inmobiliaria en septiembre del 2006. Martín dice que el gallego lo engañó con aquella operación, que le ocultó datos, que se valoraron incorrectamente los activos. Haciendo las cuentas de la vieja, le reclama casi mil millones de euros.

Jove (sin tilde por ser apellido gallego, que no son pocos quienes lo escriben incorrectamente) es un hombre al que siempre le ha acompañado la *baraka* en el mundo de los negocios. Hasta hoy. Esta demanda le quita el sueño. No está acostumbrado. Entiende que todos actuaron de buena fe en la venta de Fadesa a Martinsa, que fue un pacto entre caballeros sellado con aquel apretón de manos que reprodujeron todos los rotativos del país, que sí, que él tuvo suerte al deshacerse de la compañía en ese preciso momento, que después vinieron mal dadas, que hubo cambio de ciclo, pero que él no tenía culpa de la depresión económica ni de ser un hombre al que persiga la *baraka*. Y ahora la demanda y las dos pastillas para conciliar el sueño.

Habla en voz baja y a un ritmo pausado, marcando nítidamente las palabras y las sílabas de las palabras, lo que otorga credibilidad a su discurso y contrasta con la verborrea que evacúan otros compañeros del gremio. Viste de estar por casa, con su chaquetilla de lana a medio abotonar y camisa a cuadros. Está recostado en la silla y el calzado queda oculto bajo la mesa, aunque uno podría adivinar pantuflas de *tweed*. Lo que más llama la atención son sus ojos, claros, cristalinos, que bien podrían confundirse con los ojos de un ciego si no fuera porque el gallego tiene mucha y buena vista.

Manuel Jove Capellán (1941, La Coruña) es carpintero e hijo de carpintero. De joven lijaba reproducciones de muebles antiguos que luego vendía a esas clases medias que, acaso sabedoras de que jamás tendrían acceso a los originales, se conformaban con las imitaciones. Con el paso del tiempo, las clases medias se darían de bruces con sus abultadas deudas, la crisis económica y un abolengo superior, infranqueable, que les negaba el paso. No pudieron ascender en el organigrama social. El carpintero que les fabricaba los muebles, en cambio, sí lo hizo. A finales de los setenta fundó Fadesa, una pequeña inmobiliaria gallega que se fue extendiendo por todo el país, y que con el tiempo traspasaría fronteras, Polonia por el norte, Marruecos por el sur, obligándole a largos y extraños viajes de negocios. Algunos periodistas todavía recuerdan el agitado trayecto en barco, vomitonas incluidas, para presentarles uno de los proyectos estrella de Fadesa en el país alauita, el Mediterránea Saïdia, cerca de la frontera con Melilla, un proyecto que, muchos años después, todavía está a medio hacer.

El 30 de abril del 2004, Jove sacó la inmobiliaria a bolsa y dos años más tarde, el 30 de septiembre del 2006, vendió su participación a Fernando Martín por dos mil ochocientos millones de euros. El gallego no hacía más que engordar el zurrón. Daba vueltas a manivela de la caja registradora como si fuera un molinillo de café. Todo su patrimonio es producto del sentido común, arguyen quienes le conocen. Es así porque los hombres de provincias lo tienen muy acentuado, sobre todo en las rías altas, añaden. Lejos de amilanarse por las cifras que manejaba y las operaciones en que se embarcaba, Jove compró un paquete del cinco por ciento del BBVA por tres mil doscientos millones de euros y se convirtió en el primer accionista individual del banco, algo que, incluso a ojos de un barandillero de plaza de la Lealtad, podría resultar temerario. Desde entonces, las acciones de la entidad no han hecho más que caer. «Han bajado, pero antes habían bajado más, y dentro de unos años subirán», dice Jove con insuperable lógica gallega.

Tras su salida de Fadesa, montó su propia corporación empresarial, Inveravante, a través de la cual invierte en el mercado vitivinícola (tiene nueve bodegas con tres caldos situados entre los cien mejores del mundo, según los distintos *rankings*), sector energético (es dueño de la canadiense Shear

Wind, de la iberoamericana Megabrasil Energía y de la petrolera Vetra, entre otras inversiones), sector textil (ha conseguido reflotar la conocida firma Caramelo tras pelearse en el fango con los sindicatos) e incluso inmobiliario (tiene previsto sacar adelante varios proyectos hoteleros con Hyatt y Four Seasons). Esto es, mientras sus compañeros del ladrillo no hacen más que menguar, Jove no para de crecer. Le ayudan en tamaña misión sus vástagos Manuel Ángel y Felipa, ya que María José, la hija mayor, llamada a ser la sucesora del padre, falleció en marzo del 2002 con solo treinta y siete años. Acaso el mayor varapalo para el gallego, una desgracia que jamás podrá ser compensada por muchos éxitos profesionales que haya obtenido y siga obteniendo en su ya dilatada travesía empresarial.

Belén Rey no es de la familia, pero como si lo fuera. Hay complicidad. Manuel Jove habla y habla, y cuando está a punto cometer una indiscreción, de soltar algo indebido, al menos indebido para oídos que no son de la familia, Belén Rey salta para increparle e interrumpirle: «¡Pero señor Jove…!». Ella es su directora de comunicación, su consejera, su cuidadora, su paño de lágrimas, su sonajero para las alegrías, su dique para frenar comentarios excesivamente atrevidos. «No me deja decir nada», rezonga el empresario gallego atropellando las palabras. Belén, que siempre que se dirige a él lo hace como «señor», le explica que eso que iba a soltar todavía no estaba cerrado, que si lo menta en público después no se cumple. Da la impresión de estar regañándole de la misma forma que una profesora de párvulos regaña a sus alumnos. «¡Pero señor Jove…!»

El jefe insiste a su directora de comunicación en que él no se merece semejante sufrimiento, que fue un pacto de caballeros, que va a ser él quien demande a Fernando Martín por romper el acuerdo de no agresión que firmaron en su día, que eso debería saberlo todo el mundo, que debería publicarlo en portada *El País*, *El Mundo*, *El Confidencial*, a todo trapo, cuatro columnas, que así quedaría desenmascarado. «Eso es lo que quiero.» Una vez expuestas sus intenciones, el gallego pide a Belén Rey que se ponga manos a la obra. Le explica que ya está mayor y quiere dormir tranquilo, pero que la vida es dura y si Fernando Martín quiere guerra, tendrá guerra.

El constructor que acabó con el
descubridor de Fernando Alonso

El constructor murciano José Ramón Carabante ni es murciano ni ejerce actualmente de constructor. Se maneja bien entre pagarés y cheques al portador, pero siguiendo ese pensamiento tan arraigado en España de que los mejores negocios son aquellos que se hacen sin dinero. La pasta que la ponga otro. Tampoco tiene amigos. Al menos, no tantos como presume. Aunque es una persona jovial y de lenguaje gestual afable, los que le rodean le dan la espalda. No se fían de él. Sólo se apoya en su hijo homónimo. Parece lo que no es. José Ramón Carabante es el constructor imaginado.

Nació en Málaga en 1952 pero hace ya más de una década que arribó a Murcia, tierra en la que abundan los ediles de moral laxa. Allí está instalado en el edificio Hispania, en la plaza de la Fuensanta, frente a El Corte Inglés. Carabante domina la ciudad desde este inmueble, a la sazón uno de los emblemas de la ciudad, del que es propietario. También posee una mansión enjalbegada en Moratalla a caballo entre el Palacio de Buckingham y el parque de ocio Terra Mítica. La finca cuenta, entre otros, con capilla, piscinas, terrenos para plantar viñedos e instalaciones para criar nueve mil cabezas de ganado y una yeguada. La Fiscalía investiga los permisos otorgados tanto por el gobierno murciano del PP como por el Ayuntamiento de Moratalla, de carné PSOE, que han permitido levantar este palacete en terrenos protegidos no urbanizables.

«Si no les gusta, que no miren», dice José Carabante a sus críticos. «Pero por ahora ni he recibido una notificación ni me ha llamado nadie. Ni el juez ni el fiscal. La finca cuenta con todos los permisos. A mí me gustaría que viniera alguien de Medio Ambiente o *Ambiente Entero* para que lo viera», declara desafiante al periodista. «Puedes medir la obra al centímetro que no hay nada ilegal. Yo quiero mucho a Murcia, pero no soy murciano y jamás me han tenido que recalificar un terreno.»

Luce pátina de constructor, aunque, crisis mediante, ya no se dedica a esta actividad salvo para gestionar sus oficinas, centros comerciales y un puñado de acciones que mantiene en Reyal-Urbis. Nada de promociones. Ahora está centrado en el deporte. Se convirtió en el dueño del Club Baloncesto Murcia tras la marcha de Polaris World del accionariado y es propietario del equipo de Fórmula 1 Hispania Racing Team, lo que le permite pasear su mostacho de jugador de mus por los grandes premios de medio mundo al igual que hace Botín con su visera roja del Santander.

Al *paddock* se ha llevado los vicios que arrastraba como promotor de provincias. Carabante tiene fama de mal pagador. Te invita para que vayas a su barco, pero después se le olvida; te dice que pone un avión a tu disposición, pero lo único que sobrevuelan los cielos son pajaritas de papel; te dice que ya ha abonado el dinero en tu cuenta, pero los fondos no llegan o, en el mejor de los casos, llegan tarde.

J. R. Carabante entró en el circo de la Fórmula 1 de la mano de José Ángel de la Casa, periodista deportivo y directivo de compañía de *marketing* Meta Image, que fue quien le puso en contacto con Adrián Campos. El ex piloto y director de Campos Racing llevaba más de doce años intentando colocar un equipo español en la F-1. Sólo le faltaba financiación. En una comida-homenaje a Bruno Méndez, campeón de España de Fórmula 3, Campos hizo saber a Meta Image de su proyecto y necesidades económicas. No había problema, le dijeron los de Meta. Semanas después, le traían a Carabante debajo del brazo. Jamás olvidará Adrián Campos aquel día.

El constructor empezó con una pequeña participación en Campos Meta, que así se llamaba entonces el equipo de F-1, pero poco a poco fue echando al resto de accionistas hasta convertirse en su único dueño. Llevó la compañía al límite hasta expulsarlos a todos. Creyeron que Carabante iba a ser la panacea a sus problemas y en realidad se convirtió en su Némesis. No cumplía con los proveedores. «Llama al banco, que ya te lo he pagado», les decía. Llamaban pero la cuenta seguía sin moverse.

La situación se hizo insostenible para Adrián Campos hasta el punto de tener que solicitar ayuda a las más altas instancias: «Bernie, sácame de aquí», pidió al presidente de la FIA. Tras sondear el mercado, Ecclestone dio con el alemán Colin Kolles como sustituto. Campos, después de dejarse media vida intentando llegar a la Fórmula 1, no presenció ni la primera carrera de su equipo. Carabante, por su lado, pudo comprarle las acciones gracias al dinero fresco recibido de Banco Popular.

A Adrián Campos, descubridor de Fernando Alonso y artífice de que Valencia tuviera Gran Premio de Fórmula 1, «le jodieron la vida». Su mayor sueño se lo había apropiado un promotor de provincias. Carabante se la jugó a Campos al igual que hizo después con el piloto Carlos Sainz, al que utilizó como puente de plata con Toyota con el objeto de subcontratar al equipo japonés. El constructor afincado en Murcia también dejó a Sainz y Toyota en la estacada pese a tener firmado un acuerdo con ellos.

«Es cierto que hubo un incumplimiento de contrato con Toyota por un pago de cuatro millones de euros, pero lo hemos arreglado», asegura Carabante, quien justifica a su vez la toma de control del Hispania Racing Team y la marcha de Campos y Meta: «Nosotros entramos casi obligados para apoyar un proyecto empresarial y luego nos dimos cuenta de que ese proyecto no era tal, que nos habíamos comprometido a aportar cuatro millones de euros y que ya habíamos puesto mucho más».

A Carabante le cuesta hacer amigos. El presidente de la región de Murcia, Luis Ramón Valcárcel, le rehúye a pesar de que su gobierno patrocina el equipo de Fórmula 1 con tres millones de euros anuales a cambio de una pegatina en el monoplaza que sólo se ve con lupa de veinte aumentos. Valcárcel le dio plantón el día de la presentación del Hispania. No quiere ninguna fotografía con él por lo que pueda pasar. Tampoco se lleva con sus socios de 7RM, la televisión autonómica de Murcia en la que Carabante tiene una pequeña participación. Tomás Fuertes (dueño de El Pozo y accionista de Sacyr), José Hernández (del grupo hortofrutícola Paloma, ubicado en Mazarrón) o León Heredia (Prodher), todos ellos dentro de 7RM, no le tienen en alta estima.

Su único aliado reconocido es Trinitario Casanova, una especie de clon de Carabante con el que comparte modo de hacer negocios y edificio. Casanova fue el fundador del Grupo Hispania e impulsor del polémico proyecto de La Zerrichera. También tuvo un paquete significativo de Banco Popular que le dio más disgustos que nombre. Cuando el precio de las acciones inició su particular desplome, el banco le apretó y Carabante salió en su ayuda comprándole el grupo por cien millones de euros. Le dio cincuenta en mano y le dejó a deber otros cincuenta. No se los pagó. Prefirió dar hilo a la cometa hasta que el caso acabó en los tribunales. Un laudo arbitral conocido la semana pasada resuelve que el dueño del Hispania debe abonar treinta y cinco millones a Casanova. A pesar de las puñaladas propinadas, Carabante asegura seguir siendo amigo de Trinitario. Este último, en cambio, niega la mayor. Entre pillos anda el juego.

«Trinatario es amigo mío. Él ha defendido con honradez su postura y yo la mía, pero nos seguimos llevando bien. El otro día sin ir más lejos estuvimos juntos tomando café y charlando», dice Carabante. «Fernando Alonso, Pedro Martínez de la Rosa y Carlos Sainz también son amigos míos», continúa. «... Y Fernando Martín (Martinsa), y Rafael Santamaría (Reyal), y Luis Nozaleda (Nozar). Mis amigos son los mismos desde hace treinta años. Nunca he tenido ningún problema con ellos», añade como corolario, aunque ni en el mundo del motor ni en el del ladrillo comparten esta opinión.

Carabante aplica la filosofía del constructor a todos los ámbitos de la vida, esto es, comprar terrenos yermos, rodearse de vips para su gestión (Boyer en sus sociedades de inversión; Tapias, Cortina y Delso en los coches), ponerle un cartel de neones donde diga «Se vende» y a partir de ahí a hacer fortuna. La Fórmula 1 no escapa a esta particular forma de entender los negocios. «Tiene una repercusión que no te

puedes imaginar. Nos está abriendo muchas puertas en otros
países. Nos llaman presidentes y ministros», dice Carabante,
que sabe que, en tiempos de crisis, lo más sencillo y barato
para un constructor no es vender viviendas sino levantar cas-
tillos en el aire.

El exilio sevillano de Luis Portillo y otros relatos bélicos

Sus antiguos socios no lo tienen localizado. «Sí, alguna vez nos lo hemos encontrado en el AVE —dicen—, pero sinceramente no sabemos qué ha sido de él.» Nadie lo sabe. Han pasado unos cuantos años desde que Luis Portillo (1962, Sevilla), el hijo de albañil que jamás cursó estudios superiores, que quedó deslumbrado por el boato de la gran ciudad, que convenció a los analistas de que aquella caja de fósforos vacía que acababa de adquirir valía casi tanto como Google, que marcó un antes y un después en el sector del ladrillo, hace tres años, digo, que Luis Portillo decidió desaparecer de la faz de la tierra y esconderse de los acreedores. Le sucedió lo que a Charlie Croker, aquel personaje de la América profunda que Tom Wolfe retrataba en *Todo un hombre*, un empresario inmobiliario que coleccionaba rascacielos como otros coleccionan sellos y acabó roto y acorralado por un crédito bancario que no podía pagar.

Igual que Croker, Portillo se ha ido desprendiendo de sus bienes para hacer frente a las deudas que le atenazan. *Jets* privados, coches, acciones. Los ha ido vendiendo según le apretaban los acreedores. Poco le queda ya. La Altabaja, fastuosa finca que poseía en el parque natural de la Sierra de Hornachuelos, en la que abundaban los alcornocales y en la que los fusiles encaraban los venados con la misma celeridad con la que se amarraban los negocios, también ha sido embargada. Se la quedó la antigua Caja Castilla-La Mancha. Así consta en el Boletín Oficial del Registro Mercantil de fecha 2 de noviembre del 2010. Hay quien recuerda cómo el constructor se valía de un helicóptero de su propiedad para alimentar a los muflones y no se le murieran de hambre. Nada se sabe del helicóptero, ni de los muflones, ni tampoco de Portillo. Es casi imposible ponerse en contacto con él.

Sí conserva su palacete de la sevillana avenida de la Palmera, donde se ubican las oficinas de Zent Inversiones, su grupo empresarial, un inmueble preciosista al que se conoce como Casa Luca de Tena por haber sido propiedad de los fundadores del diario *ABC*. De estilo regionalista andaluz, fue diseñado por Aníbal González, el arquitecto de la burguesía sevillana, el mismo que hizo la plaza de España para la Exposición Iberoamericana que se celebró en la capital hispalense y la ampliación del edificio de *ABC* en la Castellana de Madrid. La actual sede de Zent fue construida entre 1923 y 1926, y destaca por la fachada de arquería de medio punto en ladrillo tallado y azulejos policromos. Dicen que la Casa Luca de Tena fue uno de los cuarteles desde los que se dirigió el alzamiento de las tropas franquistas por el teniente general Queipo de Llano. Si las paredes de este palacio hablaran, podrían relatar numerosas historias de los caídos en combate. Tanto durante la guerra como durante el *crash* del ladrillo.

Es en esta majestuosa mansión adecentada para el *business* donde Luis Portillo mantiene su centro de operaciones. A sus puertas, sin embargo, ya no llaman los alcaldes ni los banqueros, a no ser que sea para que les abonen las facturas pendientes. Hasta Deloitte, el auditor de sus sociedades, se muestra receloso de cruzar el umbral y se ha negado a avalar las cuentas de Zent correspondientes al 2009 por sus numerosas anomalías. Una realidad que se encuentra en las antípodas de lo que ocurría a mediados de la década pasada, cuando el empresario comenzaba a despuntar y los financieros de media España hacían cola en su palacete para ser recibidos por el gurú Portillo.

Entraban en su despacho y el sevillano los saludaba con la misma familiaridad con la que se recibe a los amigos de la infancia. No los conocía de nada salvo por el apunte que había hecho su secretaria en la agenda, pero se desnudaba ante ellos sin impudicia alguna. Sacaba del cajón la fotografía del *jet* privado que se acababa de comprar para mostrársela, después los llevaba hasta la ventana para enseñarles el Lamborghini que le habían traído del extranjero porque el modelo que quería no se encontraba en España, y entre una cosa y la otra, se paraba en la pantalla de cuarenta pulgadas que tenía en medio del despacho para seguir minuto a minuto la cotización del BBVA. Había adquirido cien millones de euros en acciones del banco y ya había doblado la inversión.

Hay dos cualidades que marcan el carácter de Portillo: una osadía temeraria y una ambición que no conoce límites, sin poder discernir cuál de las dos prima sobre la otra. Es como aquel al que preguntaron cuánto dinero quería llegar a tener y éste contestó lacónico: «Un poco más». Pasar de uno a dos millones, de dos a diez, de diez a veinte, de veinte a cien, de cien a mil. Siempre un poco más.

Luis Portillo comenzó su particular conquista de Madrid en el 2004 de la mano de Domingo Díaz de Mera. Sevillano el uno, ciudadrealeño el otro, pusieron su primera pica en la capital coincidiendo con la ofensiva lanzada por Caltagirone para hacerse con Metrovacesa. Aprovechándose de esta circunstancia, ambos se ofrecieron a Joaquín Rivero, entonces presidente de la inmobiliaria, para entrar en el capital y así frustrar las pretensiones del italiano, lo que finalmente consiguieron. Esta experiencia le sirvió a Portillo para comprobar la velocidad con la que se movía el dinero en Madrid y las puertas que se abrían a los que poseían el vil metal. Con el paso de los meses, su ambición se fue sofisticando. No era solo riqueza. También se trataba de poder.

Fue el inicio de la vorágine bursátil: primero se hizo con Inmocaral (antigua Fosforera), cuyas acciones puso en órbita tras una «artificial» ampliación de capital en la que entraron nombres como Alicia Koplowitz o Rafael del Pino; acto seguido le tocó el turno a Colonial, operación que cerró en un abrir y cerrar de ojos después de que le chivaran que Brufau y Rivero estaban almorzando para tratar el asunto y robarle la compañía; también entró en el capital de FCC, de donde obtuvo una fotografía con la bella Esther Koplowitz, algo que no está al alcance de cualquiera; y se hizo con el cien por cien de Riofisa, una empresa que los expertos valoraban en cuatrocientos millones de euros, que salió a bolsa por novecientos y que Portillo compró por dos mil. Todo en cuestión de meses. Fue tan exorbitante la oferta que Mario Losantos, dueño de Riofisa, no dudó en vender la compañía y deshacerse de la herencia de su padre.

La Colonial, la nueva Colonial levantada por Portillo, llegó a valer en el parqué madrileño cerca de diez mil millones de euros. Ahora cualquiera puede comprar una acción por tan solo cinco céntimos. El cementerio de la bolsa está repleto de inmobiliarias que cotizan por debajo del euro. «Tengo un millón de títulos de la compañía —dice un minorista damnificado—. Antes era una pasta, ahora poco más de cincuenta mil euros y en un futuro sólo me servirán como papelitos para decorar el trastero.»

Un día el viento dejó de soplar del norte y se puso a soplar del sur. Ese día, los inversores dieron la espalda a Portillo y su megaproyecto inmobiliario. Por sistema, todos los viernes caía la cotización de Colonial entre un quince y un treinta por ciento. Era como un ritual. Casi un entretenimiento. Bastaba con clavar la mirada en la pantalla para ser testigo de la debacle. El sevillano intentó frenar el desplome con la compra de acciones. El mal fue todavía mayor. Nadie, ni siquiera Portillo, podía ir contra el mercado. Pidió árnica a esos bancos (Bankinter, CCM, Citi, etcétera) que tan dadivosos fueron a la hora de concederle los préstamos con unas condiciones ventajosas que hoy causarían pavor y que justificaban con unos análisis que hoy provocarían vergüenza, pero también le dieron la espalda. En diciembre del 2007, abandonaba la compañía.

Fue entonces cuando decidió exiliarse a su Sevilla natal para olvidarse de los sinsabores de Madrid y empezar de nuevo con algo más de humildad, como cuando hacía obras para la Expo de Sevilla, o como cuando se levantaba de una reunión para entregar las llaves del piso a sus clientes. Junto a su mujer, María Jesús Valero, con la que comparte sociedades, ha vuelto a sus orígenes, a Dos Hermanas, donde le han adjudicado la construcción de viviendas protegidas. También cuenta con promociones en otros puntos de Andalucía. De

Madrid no quiere saber nada. Apenas alguna extraña conversación por teléfono con alguno de sus antiguos socios.

—¿Qué tal va tu compañía? —preguntó Portillo a uno de ellos—. Es que tengo unos ahorrillos de mi padre por eso de la jubilación y los quería invertir.

—No sé qué decirte —le contestó—. Mira cómo está el panorama. Tú mismo.

—Es que yo creo que tu empresa es de lo mejor que hay y su evolución en bolsa no ha sido mala.

—¿Pero a cuánto ascienden los «ahorrillos» de tu padre? —preguntó su ex socio.

—Nada, unos diez millones de euros —respondió el sevillano.

Así es Portillo. ¿Y cuánto dinero quiere Portillo? Más, siempre un poco más.

El empresario repudiado por la burguesía catalana

Le han dado la espalda. Aquella burguesía catalana a la que pertenecía por sangre y cuna, que seguramente no por vocación, con la que departía en recepciones y compartía palco unas veces en el Liceo, otras en el Palau, la de los Rodés, Cuatrecasas, Andic y demás ilustres apellidos del *seny*, le ha dado la espalda. Ya no se le ve. «Ha desaparecido», reconocen en este círculo de notables. «Es lo que sucede cuando engañas a la gente que te rodea y tienes problemas con los bancos, sobre todo en una ciudad como Barcelona, que es muy pequeña y nos conocemos todos», agregan.

La existencia de Bruno Figueras, propietario de Habitat, cambió por completo el día en que embarcó a un puñado de ricachones de la Ciudad Condal —incautos, dicen unos; avariciosos, les acusan otros— en la operación de compra de Ferrovial Inmobiliaria para, meses después, declararse en quiebra. Aquel fiasco tuvo dos consecuencias: el desprecio de los suyos, primera; y unas cuentas demandas, segunda.

Bruno Figueras (1955) aguanta el chaparrón como puede. Está muy solo, reconocen los próximos. Para combatir tal desánimo, se refugia en sus fundaciones, en su faceta de mecenas y coleccionista de arte, donde se encuentra como pez en el agua, y en su grupo de música, Pesadijazz, donde toca la guitarra de forma anónima —sin que nadie le señale con el dedo como el empresario del ladrillo que es— en los conciertos que dan en los aledaños de la barcelonesa plaza Real. Y allí, subido al escenario, se pregunta con frecuencia cómo alguien como él, con sus inquietudes intelectuales y su desapego al dinero, ha terminado envuelto en aquel embrollo de abogados, acreedores y farragosos documentos en papel verjurado imposibles de descifrar. La respuesta no se le escapa a nadie: aquel mundo, el que versa sobre activos, pasivos y ratios, no era su mundo sino el de su padre, Josep María Figueras, prócer catalán y fundador de Habitat.

Bruno es empresario porque ha nacido en una familia de empresarios, pero posee una vida interior que va más allá de una mera cuenta de resultados, señalan sus íntimos. Está más influenciado por el mundo de la cultura que por el del dinero. Lo que sucede es que heredas lo que heredas. A la figura de Bruno Figueras siempre le ha perseguido la sombra de su padre Josep María, un hombre que despuntó desde muy joven, que hizo sus pinitos en política, que fue presidente de la Cámara de Comercio y de la Fira de Barcelona y que impulsó los edificios Trade, justo detrás de la avenida Diagonal, cuatro torres monumentales que están catalogadas como edificios de interés arquitectónico. Cuando su padre creó en 1953 la constructora Fisu, más tarde conocida como Habitat, Bruno todavía no había nacido. Esas cosas marcan.

Progenitor y vástago pertenecen a dos generaciones distintas. Bruno Figueras, MBA por Stanford, dista de parecerse a un ejecutivo al uso. Viste estrambótico, con colores llamativos y corbatas transgresoras con dibujos inidentificables, y reside en una casa que escapa a cualquier estereotipo, entre psicodélica y minimalista, así que cuando tomó las riendas de la compañía no dudó en llevar esta peculiar forma de entender la vida a la gestión de Habitat, esto es, con un *management* intuitivo, cercano a la gente, poco dado a gestos grandilocuentes. ¿Se veía con fuerzas suficientes para continuar con el legado de su padre? Seguramente sí. ¿Era ése su destino? Probablemente no.

Puso en marcha una división hotelera con ambiciones y cuidada arquitectura, véase el Sky de Barcelona o el Bauzá de Madrid, establecimientos de los que se sentía especialmente orgulloso y de los que se ha tenido que ir desprendiendo para hacer frente a los pagos; acometió la expansión internacional en países tan exóticos como la India, a donde viajó personalmente para desbrozar el camino, y a finales del 2006 se dio de bruces con Ferrovial Inmobiliaria, filial a la que la familia Del Pino había envuelto con lazo y papel celofán para colocar en el mercado. Ni siquiera un «intelectual» como Bruno Figueras pudo escapar a los cantos de sirena que llegaban desde Madrid por boca de *bañuelos*, *portillos* y otros señores del ladrillo. El oasis catalán se le quedaba pequeño y en Madrid había dinero. Mucho dinero.

El *dossier* de venta de Ferrovial Inmobiliaria se paseó sin éxito por los despachos de medio país a sabiendas de que, en aquella burbuja, bastaba con cambiar el rótulo de la puerta de entrada, de uno que pusiera «Consulta del dentista» a otro que dijera «Se vende piso», para centuplicar el valor de la compañía. Aquel documento cayó en manos de Bruno Figueras. Al principio, no veía la operación. «Éste no es mi terreno», pensaba. Después se fue animando. «Estaría pecando de incuria si no me aprovechara del contexto actual», le daba vueltas a la cabeza. «Si no conformara una gran inmobiliaria y la sacara a bolsa, como ha hecho el resto de competidores», insistía. Con este argumento, se puso a buscar compañeros de viaje entre sus conocidos de la burguesía catalana.

Al olor del dinero llegaron la familia Rodés, fundadores de Media Planning; Isak Andic, propietario de la cadena de moda Mango; el abogado Emilio Cuatrecasas; Dolores Ortega, sobrina del dueño de Zara; y José Antonio Castro, presidente de los hoteles Hesperia. Entre todos ellos desembolsaron ciento cincuenta millones de euros. Fue fácil. Bruno Figueras es una persona que cautiva en el cara a cara, un encantador de serpientes. «Nos vino con lo de Ferrovial a cinco incautos como yo y nos engañó como chinos», dice uno de los mencionados.

Quizá fuera por los repentinos aires de grandeza de Figueras; quizá fuera por la obcecación de Fernando Cirera, entonces director general de Habitat, en aras de culminar la operación; quizá fuera por las ansias de ese ambicioso grupo de inversores particulares; quizá fuera la exorbitante valoración que de Ferrovial Inmobiliaria hizo el banco de inversión N+1; quizá fuera por estas razones y por otras muchas más, pero el hecho es que todos ellos adquirieron Ferrovial Inmobiliaria por dos mil doscientos millones de euros para meses después declarar el concurso de acreedores. Pusieron los avales en enero del 2007 y en septiembre, cuando fueron a firmar la ampliación de capital, ya eran conscientes de que les habían dado gato por liebre, de que su inversión no valía nada, de que caminaban indefectiblemente hacia la quiebra.

Se declararon en concurso en noviembre del 2008, ostentando el dudoso honor de ser la segunda mayor suspensión de pagos en la historia de España tras Martinsa-Fadesa, y año y medio después, en abril del 2010, salieron del mismo tras firmar un convenio de acreedores. Mientras tanto, Figueras y los socios minoritarios andan enzarzados en una batalla judicial que, entre demandas, fallos y recursos, tardará un tiempo en dirimirse.

Bruno Figueras se da un plazo de cinco años. En ese período se dedicará intensivamente a cerrar estos embrollos y enderezar la compañía. Una vez conseguidos estos objetivos, lo dejará todo. Al menos, la gestión diaria del negocio. En estos momentos tan duros, en los que reconoce que sólo ha recibido el apoyo de La Caixa, le duelen como dardos envenenados las palabras de sus otrora socios —que le acusan de haberles ocultado información— y la etiqueta de apestado que le han colocado en los cenáculos catalanes, los mismos que ponían una alfombra roja a los pies de su padre, el gran Josep María, cuando éste hacía acto de presencia.

Las gallinas ponedoras de Santamaría y los huevos de oro de Bono

«El gobernador civil de Madrid ha impuesto una multa de veinticinco mil pesetas a don Rafael Santamaría Moreno, propietario de la granja Layer, del término municipal de Pinto, por venta al por mayor de huevos a precios superiores a la cotización que libremente se dieron, en igual fecha, en el Mercado Central, infringiendo con ello lo dispuesto por la Comisaría General de Abastecimientos y Transportes.» Fue a principios de los sesenta, cuando la familia Santamaría centraba su actividad en el área de la alimentación, sector avicultura. Producían huevos entre Pinto y Valdemoro. Miles de huevos que vendían a «precios abusivos», según publicó el *ABC* el 24 de enero de 1963.

Años después cambiarían de registro. Las gallinas ponedoras trocarían en grúas y la familia le daría la vuelta a la empresa, pasando a denominarse Reyal, que es Layer pero puesto del revés. La sociedad inmobiliaria se constituyó el 7 de marzo de 1970. Fue el germen de una pequeña constructora que devino en gran promotora y que el padre dejó en herencia a su hijo homónimo, Rafael Santamaría Trigo, verdadero muñidor del imperio. A este último, imagen de la actual Reyal Urbis, se le conoce por su faceta empresarial, por sus hoteles y por su amistad con el presidente del Congreso, José Bono, aunque últimamente sólo por esto último.

Nunca han ocultado su relación. Veranean juntos, almuerzan juntos y departen en los mismos corrillos cuando coinciden en un acto. Una amistad bajo sospecha que ha propiciado varias querellas contra Bono por un posible delito de cohecho por las dádivas recibidas de su amigo el constructor, ya sean caballos para su hípica, una permuta de pisos en la que salió beneficiado o la decoración de las viviendas de Salobre y Olías del Rey. Sofás, cortinas, alacenas... Gratis total. El Tribunal Supremo, sin embargo, ha desechado la admisión de tales causas al entender que no hay cohecho y que dichos regalos se circunscriben a la relación personal que mantienen ambos.

Santamaría y Bono caminan peligrosamente por el alambre que separa lo público y lo privado, un juego que quizá no sea ilegal pero que provoca recelo, sobre todo cuando se trata de un ex presidente de una comunidad autónoma y un empresario con intereses en dicha región. Los comentarios sobre ambos eran lugar común el sector del ladrillo. Como cuando desaparecía la cuadrilla de visteros sin mediar palabra y a las tres semanas regresaba. «¿Dónde habéis estado este tiempo?», les inquiría el encargado de la obra. «Don Rafael, que nos ha pedido que vayamos a la casa de Bono», respondían de lo más natural. O como cuando el de Reyal se dirigía a sus subcontratas para que le hicieran unos apaños a la vivienda del manchego y éstos se interesaban por el jornal:

—¿Cuánto? —le preguntaban.

—¿Cuánto qué?

—¿Cuánto vamos a cobrar?

—Nada. Estas cosas hay que hacerlas gratis.

Además de Bono, en su círculo de próximos se encuentran también los dueños, o antiguos dueños, de las inmobiliarias que conformaban aquel lobby del G-14; empresarios como Arturo Fernández, dueño del Grupo Arturo y actual vicepresidente de la CEOE; el presidente de Asprima, José Manuel Galindo; y políticos de uno y otro palo. Aquí José Bono, del PSOE, aquí José Manuel Molina, del PP, aunque la adscripción de ambos a sus respectivas formaciones sea más testimonial que ideológica.

A diferencia de otros señores del ladrillo, Santamaría Trigo (1951) sabe lo que se dice cuando habla de edificabilidad y cemento. No por nada es aparejador. También es cazador. Este dato no es baladí, que en el campo de la construcción exhibir destreza en los ojeos de perdices tiene igual peso que saber interpretar un plano. Y don de gentes. Esa es otra de sus cualidades. R. S. Trigo posee don de gentes. «Santa-maría es una persona muy cercana —confirma un colaborador—, y muy inteligente. Tiene el negocio en la cabeza. Es el que mejor conoce el sector y el que más se ha preocupado por transmitir a la sociedad las bondades del negocio inmobiliario.»

Su ascensión al Olimpo empresarial no fue inmediata, aunque dio un salto notable con la presidencia de la patronal de los promotores de Madrid (Asprima). Ahí empezó a ganar en presencia. Mucha presencia. Algunos le apodaron el Garzón del ladrillo. En la patronal, en las recepciones, en las conferencias, en los periódicos. Mirases donde mirases, Santamaría estaba allí, con sus anteojos y su traje de *dandy*. Omnipresente. Igual que el juez. Pero ahora ya no. Desde que engulló Urbis, la inmobiliaria que los Botín tenían en Banesto, ha pasado a un segundo plano.

La operación tenía su lógica. Adquiriendo Urbis, ampliaba negocio y obtenía el marchamo de los mercados, ya que la compañía cotizaba en bolsa. Santamaría contrató los servicios de Estudio de Comunicación, del periodista Lalo Azcona, para que le ayudara a transmitir a los inversores lo provechoso de la fusión y el cambio de imagen. El problema era la fecha, 2007, y que la burbuja inmobiliaria estaba a punto de explotar por culpa de unos precios que, como los huevos que vendía la familia Santamaría en sus orígenes, eran demasiados caros y habían propiciado una especulación desmesurada. La bola de Urbis se hizo demasiado grande y un alud de cascotes se vino encima.

Después de pedir árnica, Rafael Santamaría consiguió salvar el concurso de acreedores al refinanciar su deuda, que ascendía a casi cinco mil millones de euros. Lo más relevante del acuerdo fueron los tres años de plazo que les sacó a las entidades para sanear y levantar la compañía, un proceso supeditado a una complicada venta de activos que le ha llevado a desprenderse de alguna de sus joyas, caso de Castellana 200.

El faraónico proyecto de Castellana 200, que incluía viviendas, oficinas, hotel con *spa* y centro comercial de lujo en la principal arteria de Madrid, se lo han quedado cinco bancos (Santander, BBVA, Sabadell, Bancaja y Banco de Valencia). No habrá viviendas. Ni *spa*. Solo oficinas y aparcamientos. Algo similar ha sucedido con la macropromoción de Yebes. Parte de la ciudad fantasma de Valdeluz, próxima a la escasamente transitada estación del AVE de Yebes (Guadalajara), construida por Reyal Urbis, también ha caído en manos de los acreedores.

Otro de los activos emblema de los que tendrá que desprenderse será el de La Esquina del Bernabéu, que se termina este año. El 31 de diciembre del 2011 acaba la concesión. Poco a poco, los locales van bajando la verja. Mientras tanto, en el otro centro que posee en Madrid, el de ABC Serrano, ubicado en la Milla de Oro y llamado a convertirse en su día en referente comercial del lujo, ha tenido que abrir sus puertas a Mercadona. El cambio de imagen es más que simbólico. A partir de ahora, el jamón de los escaparates no será Cinco Jotas sino Hacendado.

Lo que preserva su pátina casi intacta es Rafael Hoteles. La niña mimada de Santamaría no se toca. Al menos, no por ahora. De entre todos estos hoteles destaca Casanova, en Barcelona, y La Pleta, en Baqueira Beret. El de la localidad leridana, ahora en franca decadencia, era frecuentado en su día por empresarios, banqueros, representantes de la burguesía catalana y miembros de la realeza, gente con la que otrora Santamaría compartiera cónclaves. Desde lo de Urbis se prodiga menos, refugiándose en su familia, en amigos como Bono y en hojas de balance con el objeto de darle otra vuelta a Reyal, una vez más, y levantar la empresa que heredó de su padre. Tiene tres años para ello.